手机短视频创业

内容定位策划 + 拍摄剪辑 + 账号运营 + 直播带货

叶飞 编著

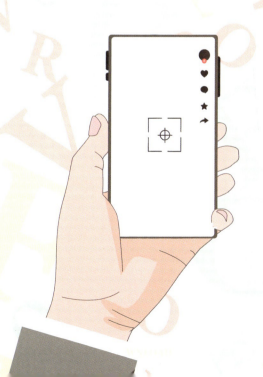

北京大学出版社
PEKING UNIVERSITY PRESS

内 容 提 要

本书是一本短视频创业的自学提升教程,意在帮助大家抓住短视频的风口,从零基础小白蜕变成网红大咖。全书共分为4篇12章,通过理论+实例的形式,分别介绍了短视频的内容定位、脚本编写、文案设计、拍摄技巧、视频剪辑、特效制作、账号运营、吸粉引流、盈利模式、主播塑造、产品规划、带货卖货等内容,指导读者提升自己的创业能力,掌握创业技巧。

一本书精通手机短视频8大创业核心:定位、策划、文案、拍摄、剪辑、运营、直播、带货,让读者一个人当一个团队使用,成功创业,实现短视频的变现。

本书不仅适合零基础入门手机短视频创业的读者,也适合抖音、快手、B站、微信视频号、小红书等短视频平台的资深用户,还包括短视频创业者及内容创业者等。

图书在版编目(CIP)数据

手机短视频创业:内容定位策划+拍摄剪辑+账号运营+直播带货 / 叶飞编著. — 北京:北京大学出版社, 2022.11

ISBN 978-7-301-33443-0

Ⅰ.①手… Ⅱ.①叶… Ⅲ.①网络营销 – 教材②移动电话机 – 摄影技术 – 教材③视频编辑软件 – 教材 Ⅳ.①F713.365.2②J41③TN94

中国版本图书馆CIP数据核字(2022)第185920号

书　　　名	手机短视频创业:内容定位策划+拍摄剪辑+账号运营+直播带货 SHOUJI DUANSHIPIN CHUANGYE: NEIRONG DINGWEI CEHUA+PAISHE JIANJI+ZHANGHAO YUNYING+ZHIBO DAIHUO
著作责任者	叶　飞　编著
责 任 编 辑	王继伟　吴秀川
标 准 书 号	ISBN 978-7-301-33443-0
出 版 发 行	北京大学出版社
地　　　址	北京市海淀区成府路205号　100871
网　　　址	http://www.pup.cn　新浪微博:@北京大学出版社
电 子 邮 箱	编辑部 pup7@pup.cn　总编室 zpup@pup.cn
电　　　话	邮购部 010-62752015　发行部 010-62750672　编辑部 010-62570390
印 刷 者	北京宏伟双华印刷有限公司
经 销 者	新华书店
	720毫米×1020毫米　16开本　12.5印张　264千字
	2022年11月第1版　2025年3月第3次印刷
印　　　数	6001–8000册
定　　　价	79.00元

未经许可,不得以任何方式复制或抄袭本书之部分或全部内容。
版权所有,侵权必究
举报电话: 010-62752024　电子邮箱: fd@pup.cn
图书如有印装质量问题,请与出版部联系,电话: 010-62756370

前言

随着 5G 时代的到来，短视频用户规模在不断扩大。可以说，如今几乎是一个"人人玩短视频"的时代，越来越多的人喜欢用动态的视频来展示自己的个性与风格。并且，短视频一跃成为当下最大的流量渠道之一，受到越来越多的品牌方、广告主和商家的青睐。

有很多人从中窥探到了商机，抓住了机会，以短视频拍摄和运营为职业，而这也让不少人因为短视频赢得了粉丝关注，满足了自己需求的同时也获得了收益。

一个成功的爆款短视频，能够让创作者在短时间内吸引大量粉丝的关注。那么，应该如何打造爆款短视频、实现短视频创业呢？这就是本书将向读者详细介绍的核心内容。

第 1 篇　定位策划：具体内容包括定位技巧、定位形式、脚本编写、镜头语言、文案策划、标题撰写等，帮助读者快速做好短视频的定位策划，成功迈出第一步。

第 2 篇　拍摄剪辑：具体内容包括拍摄打光技巧、构图方式、拍摄技巧、剪辑技巧、视频特效等，帮助读者更快、更好地做出理想的视频效果。

第 3 篇　账号运营：具体内容包括账号定位、账号权重、账号设置、吸粉引流、变现模式等，帮助读者成为短视频运营高手，大幅提高创作收益。

第 4 篇　直播带货：具体内容包括主播打造、直播分工、定价规律、产品运营、直播带货等，帮助读者掌握直播卖货技巧，打开创收渠道。

读者可以用微信扫一扫下方二维码，关注官方微信公众号，输入本书 77 页的资源下载码，根据提示获取随书附赠的超值资料包的下载地址及密码。

"博雅读书社"
微信公众号

特别提示：本书在编写时，书中的图片是基于当前各软件实际操作所截的图片，但书从编辑到出版需要一段时间，在这段时间里，软件界面与功能会有调整与变化，比如有的内容删除了，有的内容增加了，这是软件开发商所做的软件更新，请在阅读时根据书中的思路，举一反三进行学习。

本书由叶龙编著，提供视频素材和拍摄帮助的人员还有叶芳等人，在此表示感谢。由于作者知识水平有限，书中难免有错误和疏漏之处，恳请广大读者批评、指正，联系微信：2633228153。

编 者

目录

第1篇 定位策划

第1章 做好内容定位 ·········· 2

1.1 创业准备工作 ··········· 2
  1.1.1 项目的准备 ········· 2
  1.1.2 心理的准备 ········· 3
  1.1.3 资金的准备 ········· 4

1.2 掌握定位技巧 ··········· 5
  1.2.1 吸引用户 ··········· 5
  1.2.2 找关注点 ··········· 6
  1.2.3 独特输出 ··········· 7
  1.2.4 定位标准 ··········· 8
  1.2.5 定位规则 ··········· 9

1.3 创新内容形式 ··········· 10
  1.3.1 让用户一见钟情 ······· 11
  1.3.2 添加各种搞笑元素 ····· 11
  1.3.3 治愈心灵的"萌值" ···· 12
  1.3.4 让用户不得不服 ······ 12
  1.3.5 无法言喻的精彩瞬间 ··· 13
  1.3.6 情感共鸣感染观众 ···· 14

1.4 抓住热点新意 ··········· 14
  1.4.1 制造话题热度 ········ 14
  1.4.2 注重内容浓缩 ········ 15
  1.4.3 轻松搞定录像 ········ 16

  1.4.4 分享知识技能 ········ 16
  1.4.5 增加视频人气 ········ 17
  1.4.6 精准定位内容 ········ 18

第2章 编写热门脚本 ·········· 19

2.1 创作优质视频 ··········· 19
  2.1.1 短视频脚本含义 ······ 19
  2.1.2 短视频脚本作用 ······ 20
  2.1.3 短视频的脚本类型 ···· 20
  2.1.4 脚本的前期准备工作 ·· 21
  2.1.5 短视频脚本基本要素 ·· 22
  2.1.6 短视频脚本编写流程 ·· 22

2.2 优化视频脚本 ··········· 23
  2.2.1 站在观众的角度思考 ·· 23
  2.2.2 注重审美和画面感 ···· 24
  2.2.3 设置冲突和转折 ······ 25
  2.2.4 模仿精彩的脚本 ······ 25
  2.2.5 优质脚本内容形式 ···· 26

2.3 专业镜头语言 ··········· 27
  2.3.1 专业的短视频镜头术语 · 27
  2.3.2 镜头语言之转场 ······ 28
  2.3.3 镜头语言之"起幅"与"落幅" · 30
  2.3.4 镜头语言之多机位拍摄 · 30
  2.3.5 镜头语言之镜头节奏 ·· 31

第3章 打造爆款文案 ·········· 32

3.1 策划文案内容 ··········· 32
  3.1.1 准确描述时间和特点 ·· 32

3.1.2 精准表达产品拥有感 ………… 32
3.1.3 准确使用描述形容词 ………… 33
3.1.4 准确体现产品独特性 ………… 33
3.1.5 准确体现产品针对性 ………… 33
3.2 确定文案思路 …………………… 34
　　3.2.1 规范宣传 …………………… 35
　　3.2.2 打造热点 …………………… 35
　　3.2.3 立足定位 …………………… 36
　　3.2.4 个性化表达 ………………… 36
　　3.2.5 具有创意 …………………… 37
3.3 撰写吸睛标题 …………………… 37
　　3.3.1 福利类型标题 ……………… 37
　　3.3.2 励志类型标题 ……………… 38
　　3.3.3 冲击类型标题 ……………… 39
　　3.3.4 悬念类型标题 ……………… 39
　　3.3.5 借势类型标题 ……………… 40
　　3.3.6 急迫类型标题 ……………… 40
　　3.3.7 警告类型标题 ……………… 41
　　3.3.8 观点类型标题 ……………… 42
　　3.3.9 独家类型标题 ……………… 43
　　3.3.10 数字类型标题 …………… 44

第2篇　拍摄剪辑

第4章　掌握拍摄秘籍 …………… 47

4.1 拍摄打光艺术 …………………… 47
　　4.1.1 光线的质感和强度 ………… 47
　　4.1.2 利用不同类型光源 ………… 48
　　4.1.3 用反光板控制光线 ………… 49
4.2 确定构图方式 …………………… 49
　　4.2.1 黄金分割 …………………… 50
　　4.2.2 九宫格构图 ………………… 50
　　4.2.3 水平线构图 ………………… 51
　　4.2.4 三分线构图 ………………… 51
　　4.2.5 斜线构图 …………………… 52
　　4.2.6 对称构图 …………………… 52
　　4.2.7 框式构图 …………………… 53
　　4.2.8 透视构图 …………………… 53
　　4.2.9 中心构图 …………………… 54
　　4.2.10 几何形态构图 …………… 55
4.3 镜头拍摄技巧 …………………… 55
　　4.3.1 运动镜头 …………………… 55
　　4.3.2 固定镜头 …………………… 55
　　4.3.3 镜头角度 …………………… 56

第5章　学会剪辑技巧 …………… 57

5.1 视频剪辑基础 …………………… 57
　　5.1.1 裁剪视频尺寸 ……………… 57
　　5.1.2 剪辑视频素材 ……………… 60
　　5.1.3 替换视频素材 ……………… 61
　　5.1.4 视频变速处理 ……………… 62
　　5.1.5 视频定格处理 ……………… 64
　　5.1.6 人物磨皮瘦脸 ……………… 65
5.2 处理视频音频 …………………… 66
　　5.2.1 添加背景音乐 ……………… 66
　　5.2.2 音频剪辑处理 ……………… 68

第6章　制作精美特效 …………… 71

6.1 调节视频画面 …………………… 71
　　6.1.1 调节视频画面的色彩 ……… 71
　　6.1.2 调节视频画面的明度 ……… 72
　　6.1.3 调节视频画面的清晰度 …… 74
　　6.1.4 使用HSL调色工具 ………… 75
　　6.1.5 给视频添加滤镜效果 ……… 76
6.2 添加视频特效 …………………… 77
　　6.2.1 添加转场效果 ……………… 78
　　6.2.2 添加画面特效 ……………… 80
　　6.2.3 添加动画效果 ……………… 82

第3篇 账号运营

第7章　做好账号运营……………………86

7.1　吸引精准用户………………………86
- 7.1.1　账号定位的作用 …………………86
- 7.1.2　将账号定位放首位 ………………87
- 7.1.3　给自己的账号打上标签 …………87
- 7.1.4　账号定位的基本流程 ……………89
- 7.1.5　账号定位的基本方法 ……………89
- 7.1.6　账号的5维定位法 ………………90
- 7.1.7　账号优化技巧 ……………………96

7.2　设置账号新意………………………98
- 7.2.1　设置账号名字 ……………………98
- 7.2.2　设置账号头像 ……………………99
- 7.2.3　设置账号简介 ……………………101

7.3　提高账号权重………………………102
- 7.3.1　垂直度 ……………………………102
- 7.3.2　活跃度 ……………………………103
- 7.3.3　健康度 ……………………………104
- 7.3.4　互动度 ……………………………105

第8章　视频吸粉引流…………………106

8.1　获取平台流量………………………106
- 8.1.1　算法机制内涵 ……………………106
- 8.1.2　平台算法机制 ……………………107
- 8.1.3　流量赛马机制 ……………………107
- 8.1.4　利用好流量池 ……………………108
- 8.1.5　获得叠加推荐 ……………………110

8.2　基本引流技巧………………………111
- 8.2.1　引出痛点话题 ……………………111
- 8.2.2　引出家常话题 ……………………111
- 8.2.3　主动私信用户 ……………………112
- 8.2.4　分享某种技巧 ……………………113
- 8.2.5　植入其他作品 ……………………113
- 8.2.6　背景音乐引流 ……………………113

8.3　提升视频流量………………………115
- 8.3.1　提升流量精准性 …………………115
- 8.3.2　原创内容引流 ……………………116
- 8.3.3　种草视频引流 ……………………116
- 8.3.4　付费工具引流 ……………………117
- 8.3.5　抖音热搜引流 ……………………118
- 8.3.6　评论功能引流 ……………………118
- 8.3.7　账号信息引流 ……………………119
- 8.3.8　矩阵账号引流 ……………………120
- 8.3.9　账号背景引流 ……………………120
- 8.3.10　线下POI引流 ……………………121
- 8.3.11　热门话题引流 …………………121

第9章　打造盈利模式…………………123

9.1　利用广告变现………………………123
- 9.1.1　流量广告 …………………………123
- 9.1.2　星图接单 …………………………124
- 9.1.3　全民任务 …………………………125

9.2　实现内容变现………………………127
- 9.2.1　激励计划 …………………………127
- 9.2.2　流量分成 …………………………127
- 9.2.3　视频赞赏 …………………………128

9.3　售卖产品变现………………………129
- 9.3.1　抖音小店 …………………………129
- 9.3.2　商品橱窗 …………………………130
- 9.3.3　抖音购物车 ………………………131
- 9.3.4　精选联盟 …………………………131
- 9.3.5　团购带货 …………………………132

第4篇 直播带货

第10章 塑造优秀主播 ……… 134

10.1 设置直播分工 ……… 134
- 10.1.1 主播 ……… 134
- 10.1.2 助播 ……… 135
- 10.1.3 运营 ……… 136
- 10.1.4 场控 ……… 137
- 10.1.5 数据 ……… 137
- 10.1.6 客服 ……… 137

10.2 提升语言能力 ……… 138
- 10.2.1 表达语言 ……… 138
- 10.2.2 聊天语言 ……… 140
- 10.2.3 销售语言 ……… 141

10.3 巧妙运用技巧 ……… 142
- 10.3.1 介绍法 ……… 143
- 10.3.2 赞美法 ……… 144
- 10.3.3 示范法 ……… 144
- 10.3.4 强调法 ……… 145
- 10.3.5 限时法 ……… 146

10.4 点燃直播气氛 ……… 147
- 10.4.1 开场招呼 ……… 147
- 10.4.2 时间压力 ……… 148
- 10.4.3 暖场互动 ……… 149
- 10.4.4 观众提问 ……… 150

第11章 规划直播产品 ……… 152

11.1 确定商品款式 ……… 152
- 11.1.1 货源选择分析 ……… 152
- 11.1.2 目标市场分析 ……… 153
- 11.1.3 店铺精准定位技巧 ……… 154
- 11.1.4 产品选款的5大方案 ……… 155

11.2 掌握定价规律 ……… 155
- 11.2.1 定价的基本原则 ……… 155
- 11.2.2 价格差设计方法 ……… 156
- 11.2.3 单品组合定价 ……… 157
- 11.2.4 商品定价的小建议 ……… 158
- 11.2.5 打破同质化价格竞争技巧 ……… 159

11.3 产品运营模式 ……… 161
- 11.3.1 利用渠道选品 ……… 162
- 11.3.2 选择最优产品 ……… 165
- 11.3.3 商品上架管理 ……… 167
- 11.3.4 利用上货服务 ……… 169
- 11.3.5 优化商品信息 ……… 170
- 11.3.6 打造产品卖点 ……… 173

第12章 直播带货卖货 ……… 175

12.1 提升转化效果 ……… 175
- 12.1.1 选择合适的带货主播 ……… 175
- 12.1.2 直击用户痛点的产品 ……… 177
- 12.1.3 营造产品的抢购氛围 ……… 179
- 12.1.4 塑造产品的优势价值 ……… 180
- 12.1.5 掌握直播销售的能力 ……… 182
- 12.1.6 裂变营销增加下单量 ……… 183

12.2 满足用户需求 ……… 183
- 12.2.1 了解用户的需求 ……… 183
- 12.2.2 实现用户的美好梦想 ……… 185
- 12.2.3 满足用户即刻的需求 ……… 185

12.3 掌握购物路径 ……… 186
- 12.3.1 优化直播间的点击率 ……… 186
- 12.3.2 优化用户停留与互动 ……… 188
- 12.3.3 优化带货产品转化率 ……… 188
- 12.3.4 优化直播间的复购率 ……… 190

第1篇 定位策划

做好内容定位
· 创业准备工作
· 掌握定位技巧
· 创新内容形式
· 抓住热点新意

编写热门脚本
· 创作优质视频
· 优化视频脚本
· 专业镜头语言

打造爆款文案
· 策划文案内容
· 确定文案思路
· 撰写吸睛标题

第 1 章 做好内容定位

做好短视频创业和运营的关键在于内容,内容的好坏直接决定了账号的成功与否。观众之所以关注你、喜欢你,很大一部分原因就在于你的内容成功吸引到了他,打动了他。本章主要介绍短视频创业准备和内容定位技巧,帮助大家做好创业和打造爆款内容的基本准备工作。

1.1 创业准备工作

一些人看到别人做短视频赚了钱,也想抓住这股东风,利用短视频来创业。但是创业不是一件容易的事情,需要做好充足的准备工作。本节主要介绍创业的前期准备工作。

1.1.1 项目的准备

在开始创业时,首先要进行市场调研及项目准备,了解短视频的市场情况,以便选定好的项目,进而抓住用户的心,吸引用户来关注你的账号。那么怎样做好市场调研并选定项目呢?下面详细介绍。

1. 市场调研

做好市场调研是创业成功的重要一步,只有做好了市场调研后才能更好地了解短视频创业的现状。一般来说,市场调研的主要内容包括以下几个方面。

(1)经营环境调查。

经营环境调查主要包括两个方面,一个是政策、法律环境调查,另一个是行业环境调查,具体内容如下。

政策、法律环境调查的内容主要是要经营的业务、开展的项目是否符合法律、法规,以及有没有相关政策优惠或限制等相关信息,包括当地政府的具体管理措施。

行业环境调查主要指的是选择的项目、经营业务的行业现状、行业未来的发展方向、行业的规则等。例如短视频创业,你便需要了解比较火热的短视频平台、在平台中什么内容比较火爆、行业未来的发展趋势及各大平台的相关规则等。只有充分了解了这些内容,才能保障创业的成功。

（2）市场需求调研。

在了解了经营环境之后，还需要调研市场需求情况。例如，要创业的方向是摄影短视频，那么就应该调研摄影短视频的市场需求量、各大短视频平台有没有类似的摄影博主、头部摄影博主的主要内容是什么，以及市场需求率等。

（3）用户情况调查。

如果之前就有一定的用户基础，那么可以针对这些用户去调查，但是不能仅仅局限于老用户，还可以针对潜在用户进行调查。一般来说，用户调查主要包括两个方面。

用户需求调查。其主要内容包括用户类型、用户的需求情况。例如，观看的用户大多都是什么类型的人、用户观看视频是为了什么、用户观看视频能够满足什么需求等。

用户的分类调查。用户的分类调查主要需要了解的是用户的数量、地域分布、特点、年龄等信息，进而明确精准用户。掌握了用户的这些信息，将为短视频创业带来很多便利。

一般来说，创业市场调查主要有两种方法，一种是直接调查法，包括询问调查、观察法和实验法；另一种是间接调查法，包括参考文献查找法、检索工具查找法、网上查找法。

2. 项目选择

选择一个项目，便要分析这个项目的正当性、风险性、持续性和扩张性，具体内容如下。

- 正当性。正当性主要指的是该项目是正当的，符合相关的法律法规、行业规则等。
- 风险性。每个项目都有着风险，这是不可避免的。因此在选择项目的时候应该选择风险小一些的项目，让项目做到"稳赚不赔"。
- 持续性。一个具有持续性的项目，才能吸引更多的用户持续、稳定的关注。
- 扩张性。项目具有扩张性，才能帮助创业者扩大市场，取得更大的成功。

1.1.2 心理的准备

创业是一个十分艰难的过程，在创业的过程中，创业者往往会遇到许多的压力、挫折等，一些没做好心理准备、心理素质较差的创业者很容易前功尽弃。因此，在创业的过程中需要做好心理准备，才能增强成功的信心，为创业成功增添一份助力。

一般来说，创业者在创业的过程中需要做好以下几个方面的心理准备，具体内容如下。

1. 情绪准备

在创业过程中，会有很多人不看好你，认为你是白费力气，甚至是不相信你、看不起你等，给你输入大量的负能量，长此以往，你的情绪肯定会受到影响。而且由于创业的艰难，不管创业者气量多大，仍然会有疲惫不堪、负能量"爆棚"的时候。因此需要提前做好情绪准备，增强抵御负能量的防御力。

2. 放弃准备

虽说做好放弃的心理准备会打击创业者的信心，但是凡事都需要做好退路。创业是一个未知、冒险的过程，结果是否成功都是未知数，而且在这个过程中，艰辛、快乐、收获等心情并存。但是凡事都有个度，创业者需要给自己做一个放弃的标准，如创业资金上限，当达到了上限时，无论发生了什么，都要及时停止。

3. 目标确定

在创业之初，创业团队往往都是因为一个目标而聚集在一起。因此在开始的时候，大家的目标都是明确的。但是，随着时间的不断推移，创业者往往会模糊掉最初的目标，甚至会将其全盘否定。这并不可怕，当目标被模糊时，便需要团队或创业者再次明确自己的目标。

4. 理性评估

创业不是一件简单的事情，创业的成功往往要求创业者必须具备诸多的能力及一定的条件。因此，在创业之初，需要创业者对自己的条件进行理性的评估，确认自己是否有能力创业。

1.1.3 资金的准备

资金是创业的必要条件，没有资金是无法创业成功的。怎么做好资金的准备呢？首先，创业者需要有一笔启动资金。而这笔资金的来源可以通过几方面来筹集，包括自有资金、集资、贷款等多种方式，具体内容如下。

1. 自有资金

自有资金主要指的是自己的动产和不动产，这是最主要的，也是最可靠的来源，自己的钱用起来也是最安全的。当创业者选择一个好的项目进行投资、创业的时候，还需要准备一些备用金，以防万一。此外，在创业的过程中，如果自己的资金有余的话，还可以将一部分的自有资金用来购买国债或储蓄，以备急用。

2. 集资

当自己的资金不足的时候，可以向自己的朋友、亲戚借钱和集资，还可以去说服其他的老板来投资。去说服老板投资需要有详细的计划和可行性论证。值得注意的是，向亲戚朋友借的钱需要按时归还。

3. 贷款

如果资金还是不够的话，创业者还可以向银行贷款。一般来说，贷款需要创业者用不动产做抵押，同时也需要该项目有一定的吸引力。

1.2 掌握定位技巧

做短视频的运营,本质上还是做内容运营,那些能够快速涨粉和带货变现的运营者,都是靠优质的内容来实现的。

被内容吸引的粉丝和买家,都是对运营者分享的内容感兴趣的用户群体,人群更加精准、更加靠谱。因此,内容是运营短视频账号的核心所在,同时也是账号获得平台流量的核心因素。如果平台不推荐,那么你的产品流量就会寥寥无几,可能做一年也卖不了几单。

在短视频方面进行创业,内容就是王道,而内容定位的关键就是用什么样的内容来吸引什么样的群体。本节将介绍一些内容定位技巧,帮助运营者找到一个特定的内容形式,并卖出更多的产品。

1.2.1 吸引用户

在短视频平台上,运营者不能简单地去模仿、跟拍热门视频,而是要找到能够带来精准用户群体的内容,从而帮助自己卖出更多的货,这就是内容定位的要点。

运营者必须知道的是,自己的内容始终是围绕着带货卖货来设计的,内容不仅可以直接决定账号的定位,而且还决定了账号的目标人群和变现能力。因此,做内容定位时,不仅要考虑引流涨粉的问题,同时还要考虑持续卖货变现的问题。

运营者在做内容定位的过程当中,要清楚一个非常重要的要素,即这个精准用户群体有哪些痛点、需求和问题。下面,介绍一下什么是用户痛点、挖掘痛点有什么作用及如何挖掘用户痛点这3大问题。

1. 什么是用户痛点?

痛点是指用户的核心需求,是运营者必须为用户解决的问题。用户在做某件事的时候觉得非常不方便,甚至感到非常难办,做起来很痛苦,这就是用户的痛点。例如,住在高层的用户在擦玻璃时有一个明显的痛点,那就是外面的玻璃擦不到。

对于用户的需求问题,运营者可以去做一些调研,最好是采用场景化的描述方法。怎么理解场景化的描述呢?就是具体的应用场景。运营者要善于发现用户的这些痛点,并帮助用户解决这些问题。对于短视频运营者来说,这些都是蓝海市场。

2. 挖掘痛点有什么作用?

找到目标用户的痛点,对于运营者而言,主要有以下两个方面的好处,具体如图1-1所示。

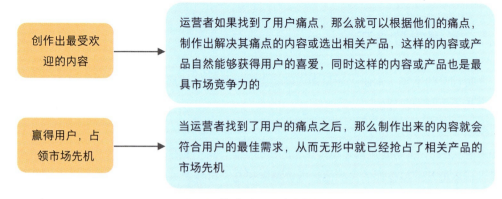

图1-1 找到目标用户痛点的好处

3. 如何挖掘用户痛点?

确定为谁服务之后,我们要发掘用户的问题、痛点、需求在哪里。很多人说,我不知道用户的痛点、需求、问题怎么办?很简单,有一个方法就是通过用户的评论或产品评价来发现用户痛点。

要想找到用户的痛点,还需要掌握一些方法,一般找到用户痛点的方法有以下两种,具体如图1-2所示。

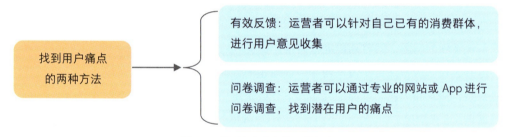

图1-2 找到用户痛点的两种方法

对于短视频运营者或商家来说,如果想要打造爆款内容,那么就需要清楚自己的粉丝群体最想看的内容,这也就是抓住用户的痛点,然后你就可以根据用户的痛点来生产内容。

1.2.2 找关注点

用户越缺什么,他们就会越关注什么,而运营者只需要找到他们关注的那个点去制作内容,这样的内容就越容易获得用户关注。例如,矮个子女生希望自己看上去更高,那么运营者就可以给她们推荐增高鞋垫。

只要运营者善于在内容上下功夫,不愁没有粉丝和销量。但如果运营者一味地在打广告上下功夫,则可能会被用户讨厌。

在一个短视频内容中,往往能戳中用户内心的点就那么几秒钟。运营者要记住一点,那就是在短视频平台上涨粉只是一种动力，能够让自己更有信心地在这个平台上做下去，而能够真正给自己带来动力的是吸引到精准用户，让他们持续在自己的店铺中消费。

不知道大家发现没有，在抖音上有一类内容用户特别喜欢，那就是教学类、经验类、技巧类的内容。这种内容不仅很实用，而且变现也特别容易。简单来说，就是通过分享经验和技巧来吸粉，最终达到销售产品变现的目的。图1-3所示为优质内容视频，该视频通过分享各种女孩穿搭技巧，为账号带来流量。

不管运营者处于什么行业，只要能够站在用户的角度去思考，去进行内容定位，将自己的行业经验分享给用户，那么这种内容的价值就非常大了。很多人入驻短视频平

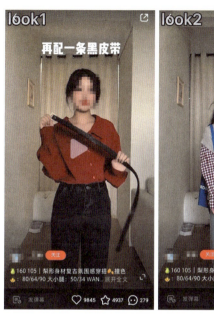

图1-3 优质内容视频

台的目的就是卖货，其实只要把自己有的经验分享出来就可以了，吸引到的粉丝都是关注这个行业的目标用户，下单意向性都比较强。

1.2.3 独特输出

在一些短视频平台上输出内容，是一件非常简单的事情，但是要想输出有价值的内容，获得用户的认可，这就有难度了。特别是像如今抖音上的内容生产者多如牛毛，抖音电商已经成为一种新风口，越来越多的人参与其中，那么到底如何才能找到适合的内容去输出呢？怎样提升内容的价值呢？下面介绍具体的方法。

1. 选择合适的内容输出形式

当运营者在行业中积累了一定的经验，有了足够优质的内容之后，就可以去输出这些内容。那么，以哪种形式输出内容呢？可以用图文、短视频或直播等不同的内容形式去输出合适的内容。

如果擅长写，可以去写产品文案；如果声音不错，可以通过音频去输出内容；如果会拍视频，则可以去拍一些精彩的短视频，如图1-4所示。通过选择合适的内容输出形式，即可在比较短的时间内成为这个领域中的佼佼者。

图 1-4　视频示例

2. 持续输出有价值的内容

在互联网时代，内容的输出方式非常多，如图文、音频、视频、直播等，但是在输出内容时，还须注意要持续输出有价值的内容，如图 1-5 所示。如果运营者只创作内容，而不输出内容，那么这些内容就不会被人看到，也没有办法通过内容来影响别人的消费决策。

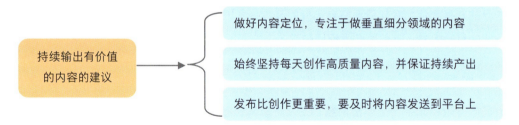

图 1-5　持续输出有价值的内容的建议

总之，运营者要根据自己的特点去生产和输出内容，最重要的一点就是要持续不断地去输出内容。因为只有持续输出内容，才有可能建立自己的行业地位，成为所在领域的信息专家。

1.2.4　定位标准

在短视频电商变现的生产链上，对于内容创作者来说，其创作内容的最终目的是获得收益。内容创作者要想获得收益，就必须有用户购买，而用户要购买产品的前提为这个产品是他想要的，这样他才会选择去购买。

以抖音盒子为例，对于抖音盒子的内容定位而言，内容最终是为用户服务的，要想让用户为产品下单，那么这个产品就必须能够满足用户的需求。要做到这一点，运营者的内容定位还需要符合一定的标准，如图 1-6 所示。

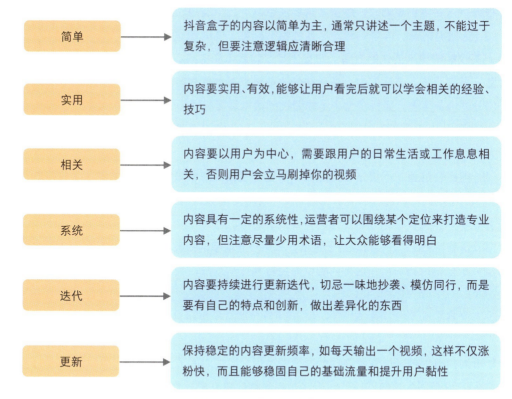

图 1-6 内容定位的 6 个标准

另外，在抖音盒子上发布内容时，尽量少发布广告视频，否则账号很容易被系统判定为营销号或广告号，从而被平台限流。

对于一些"大 V"来说，他们之所以能够获得大量用户的关注，就是因为用户可以从中获取他想要的信息，能够满足他们的信息需求。因此，运营者在进行内容定位时，一定要保证推送的内容是具有价值的内容，这样做有以下两方面的作用。

- 证明内容的专业度。
- 提升用户的关注度。

如果用户能够通过运营者发布的内容学到一些具有实用性和技巧性的生活常识或操作技巧，帮助他们有效解决平时遇到的一些疑问和难题，那么这样的视频也就会非常受欢迎。这一点，也决定了运营者在内容定位方面要有专业性，同时其创作的内容也要能够接地气，能够给用户带来实实在在的经验积累。

1.2.5 定位规则

各大短视频平台上的大部分爆款内容，都是经过运营者精心策划的，因此内容定位也是成就爆款内容的重要条件。运营者需要让内容始终围绕定位来进行策划，保证内容的方向不会产生偏差。

在进行内容定位规划时，运营者需要注意以下几个规则。

（1）选题有创意。内容的选题尽量独特有创意，同时要建立自己的选题库和标准的工作流程，不仅能够提高创作的效率，而且还可以刺激用户持续观看的欲望。例如，运营者可以多收集一些热点加入选题库中，然后结合这些热点来创作内容。

（2）剧情有落差。如抖音盒子上的短视频通常需要在短短15秒内将大量的信息清晰地叙述出来，因此内容通常都比较紧凑。尽管如此，运营者还是要脑洞大开，在剧情上安排一些高低落差，来吸引用户的眼球。

（3）内容有价值。不管是哪种内容，都要尽量给用户带来价值，让用户值得付出时间来看完内容。例如，做搞笑类的短视频，那么就需要能够给用户带来快乐；做美食类的视频，就需要让用户产生食欲，或者让他们有实践的想法。

（4）情感有对比。内容可以源于生活，采用一些简单的拍摄手法来展现生活中的真情实感，同时加入一些情感的对比，这种内容反而更容易打动用户，带动用户情绪气氛。

> **温馨提示**
> 在设计短视频内容的台词时，内容要具备一定的共鸣性，能够触动用户的情感点，让他们愿意信任你和你推荐的产品。

（5）时间有把控。运营者需要合理地安排短视频的时间节奏，以抖音默认的拍摄15秒短视频为例，这是因为该时间段的短视频是最受用户喜欢的，而短于7秒的短视频不会得到系统推荐，长于30秒的视频用户很难坚持看完。

内容的定位和策划就好像写一篇作文，有主题思想、开头、中间及结尾，情节的设计就是丰富内容的组成部分，也可以看成是小说中的情节设置。一篇吸引人的小说，必定是少不了跌宕起伏的情节，短视频的内容也是一样。因此在进行内容定位时要注意几点，具体如图1-7所示。

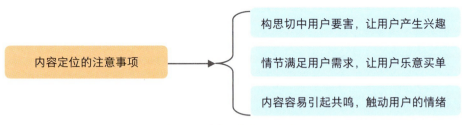

图1-7　内容定位的注意事项

1.3　创新内容形式

很多人拍短视频时，不知道该拍什么内容，不知道哪些内容更容易上热门，本节给大家分享一些常见的爆款短视频内容形式，即便只是一个普通人，只要内容戳中了"要点"，也可以快速蹿红。

1.3.1 让用户一见钟情

用户给短视频点赞的很大一部分原因，是由于他们被视频中的人物"颜值"给迷住了，这也可以理解为"心动的感觉"。比起其他的内容形式，好看的外表确实很容易获取大众的好感。

但是，笔者说的"一见钟情"并不单单指视频中的人物"颜值"高或身材好，而是通过一定的装扮和肢体动作，在视频中表现出"充分入戏"的镜头感。因此，"一见钟情"是"颜值+身材+表现力+亲和力"的综合体现。

> **温馨提示**
>
> 注意，人物所处的拍摄环境也相当重要，必须与视频的主题相符合，而且场景尽量要干净整洁。因此，运营者要尽量寻找合适的场景，不同的场景可以营造出不同的视觉感受，通常是越简约越好。

在抖音上我们可以看到，很多"颜值"高的运营者只是简单地唱一首歌、跳一段舞，表演一种乐器，玩一种游戏，在大街上随便走走，或者翻拍一个简单的动作，即可轻松获得百万点赞。从这一点上可以看到，外表吸引力型的内容往往更容易获得大家的关注。

1.3.2 添加各种搞笑元素

打开抖音App，随便刷几个短视频，就会看到其中有搞笑类的视频内容。这是因为短视频是人们在闲暇时间用来放松或消遣的娱乐方式，因此平台也非常喜欢这种搞笑类的视频内容，更愿意将这些内容推送给用户，增加用户对平台的好感，同时让平台变得更为活跃。

所以，运营者要了解短视频平台的喜爱，做平台喜欢的内容，并在自己的短视频中添加搞笑元素，增加内容的吸引力，让用户看到视频后便乐开了花，忍不住要点赞。运营者在拍摄搞笑类短视频时，可以从以下几个方面入手，如图1-8所示。

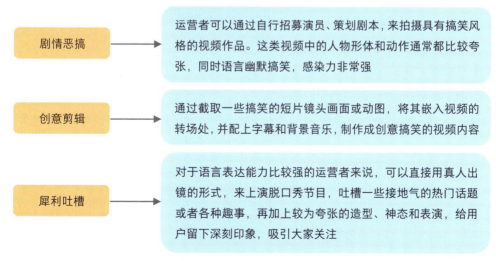

图1-8 搞笑类短视频的创作技巧

> **温馨提示**
>
> 运营者也可以自行拍摄各类原创幽默搞笑段子,变身搞笑达人,轻松获得大量粉丝关注。当然,这些搞笑段子的内容最好来源于生活,与大家的生活息息相关,或者就是发生在自己周围的事,这样会让人们产生亲切感。

另外,搞笑类的视频内容包含面非常广,各种酸甜苦辣应有尽有,不容易让观众产生审美疲劳,这也是很多人喜欢搞笑段子的原因。

1.3.3 治愈心灵的"萌值"

与"颜值"类似的"萌值",如萌宝、萌宠等类型的短视频内容,同样具有令人难以抗拒的强大吸引力,能够让观众瞬间觉得心灵被治愈了。

在短视频中,那些憨态可掬的萌宝、萌宠有着强治愈力,不仅可以快速火起来,而且还可以获得大家的持续关注。萌往往和"可爱"这个词对应,所以许多用户在看到萌的事物时,都会忍不住想要多看几眼。

萌宝是深受观众喜爱的一个群体。萌宝本身看着就很可爱了,而且他们的一些行为举动也容易让人觉得非常有趣。所以,与萌宝相关的视频,就能很容易地吸引许多观众的目光。

当然,萌不是人类的专有名词,小猫、小狗等可爱的宠物也是很萌的。许多人之所以养宠物,就是觉得萌宠们特别惹人怜爱。如果能把宠物日常生活中惹人怜爱、憨态可掬的一面通过视频展现出来,也能轻松吸引大家的目光,如图1-9所示。

也正因如此,抖音上兴起了一大批"网红"萌宠。例如,"会说话的刘二豆"在抖音上获得了近4000万的粉丝关注,

图1-9 萌宠

其内容以记录两只猫在生活中遇到的趣事为主,视频中经常出现各种"热梗",配以"戏精"主人的表演,给人以轻松愉悦之感。

1.3.4 让用户不得不服

"不得不服"的内容类型是指在短视频中展示各种才艺技能,如唱歌跳舞、影视特效、生活化的冷门匠人技能等,或者拍摄"技术流"类型的短视频,都能够让观众由衷佩服。在制作这类型的内容时,要注意才艺的稀缺度和技能的专业度,同时还要有一定的镜头感,这样才能获取观众的大量点赞。

才艺包含的范围很广,除了常见的唱歌、跳舞之外,还包括摄影、绘画、书法、演奏、相声、脱口秀、武术、杂技等。只要视频中展示的才艺足够专业、独特,并且能够让观众觉得赏心悦目,那么视频就能很容易上热门。

例如,"技术流"类的视频内容,主要是通过让观众看到自己难以做到,甚至是没有见过的事情,从而引起他们内心的佩服之情。以视频特效这种"技术流"内容为例,普通的运营者可以直接使用平台中的各种"魔法道具"和控制拍摄速度的快慢等功能,来实现一些简单的特效。对于较为专业的运营者来说,则可以使用剪映、Adobe Photoshop、Adobe After Effects等软件来实现各种酷炫特效。

与一般的内容不同,才艺技能类的短视频内容能让观众觉得像是进入了一个"新大陆"。因为他们此前从未见过,所以会觉得特别新奇。如果观众觉得短视频中的技能在日常生活中用得上,甚至还会收藏和转发。

1.3.5 无法言喻的精彩瞬间

"无法言喻"的内容类型,是指难以用图文来描述的短视频内容,如优美的自然风光,或者生活中的精彩瞬间,这些都能够带给观众深刻的感受。

例如,风光类短视频是很多Vlog(全称为video blog或video log,视频网络日志)类创作者喜欢拍摄的题材,如图1-10所示。观众通常是利用自己的碎片化时间来刷短视频,因此运营者需要在视频开始的前几秒钟就将风光的亮点展现出来,同时整个视频的时间不宜过长。

图 1-10 风光类短视频内容示例

需要注意的是,风光类短视频的后期处理是必不可少的,还需要搭配应景的背景音乐。同时,运营者在发布风光类短视频时,可以稍微卖弄一下文采,给短视频加上一句能够触动人心的文案或相关话题,和粉丝产生共鸣,从而带动作品的话题性,这样产生爆款的概率会更大。

总而言之,"无法言喻"的内容需要通过"观赏性+稀缺性+声音与文案"的形式来表达,这样才能让观众喜欢,也才能获得很高的曝光量。

1.3.6 情感共鸣感染观众

情感共鸣类的短视频内容主要是将情感类文字录制成语音,然后配合相关的视频背景来渲染情感氛围。例如,抖音号"一禅小和尚"以输出"心灵鸡汤""情感语录"为主要内容,是一个典型的"情感号",其粉丝量有4000多万,获赞量更是达到了3亿,其发布的短视频内容示例如图1-11所示。

图1-11 情感类视频内容示例

情感共鸣类的短视频内容引流效果特别好,通过犀利的文案内容来获取观众的心灵共鸣,甚至使其认同运营者的价值观。运营者也可以采用一些更专业的玩法,如拍摄情感类的剧情故事,这样会更具感染力。当然,对于这种剧情类的情感视频内容说,以下两个条件是不可或缺的。

- 优质的场景布置。
- 专业的拍摄和剪辑技能。

另外,情感类视频的声音处理也非常重要,运营者可以找专业的录音公司转录,从而让观众深入情境之中,产生极强的共鸣感。

1.4 抓住热点新意

有了账号定位、拍摄对象、内容风格后,还缺点什么?此时,只要在短视频中加入一点点创意玩法,这个作品离火爆就不远了。本节总结了一些短视频常用的热点创意玩法,帮助大家快速打造爆款短视频。

1.4.1 制造话题热度

短视频的灵感来源,除了靠自身的创意想法外,运营者还可以多收集一些热梗,这些热梗通常自带流量和话题属性,能够吸引大量观众的点赞。

运营者可以将短视频的点赞量、评论量、转发量作为筛选依据，找到并收藏抖音、快手等短视频平台上的热门视频，然后进行模仿、跟拍和创新，打造出自己的优质短视频作品。

同时，运营者也可以在自己的日常生活中寻找这种创意搞笑短视频的热梗，然后采用夸大化的创新方式将这些日常细节演绎出来。另外，在策划热梗内容时，运营者还需要注意以下事项。

（1）短视频的拍摄门槛低，运营者的发挥空间大。

（2）剧情内容有创意，能够牢牢紧扣观众的生活。

（3）多看网络大事件，不错过任何网络热点。

1.4.2 注重内容浓缩

在西瓜视频和抖音等视频平台上，常常可以看到各种影视混剪的短视频作品，这种内容创作形式相对简单，只要会剪辑软件的基本操作即可完成。影视混剪短视频的主要内容形式为剪辑电影、电视剧或综艺节目中的主要剧情桥段，同时加上语速轻快、幽默诙谐的配音解说。

这种内容形式的主要难点在于运营者需要在短时间内将相关影视内容完整地讲述出来，这需要运营者具有极强的文案策划能力，能够让观众对各种影视情节有一个大致的了解。影视混剪类短视频的制作技巧如图1-12所示。

图1-12 影视混剪类短视频的制作技巧

当然，做影视混剪类的短视频内容，运营者还需要注意两个问题：首先，要避免内容侵权，可以找一些不需要版权的素材，或者购买有版权的素材；其次，避免内容重复度过高，可以采用一些消重技巧来实现，如抽帧、转场和添加贴纸等。

1.4.3 轻松搞定录像

游戏类短视频是一种非常火爆的内容形式，在制作这种类型的内容时，运营者必须掌握游戏录屏的操作方法。

大部分的智能手机自带了录屏功能，快捷键通常为长按【电源键+音量键】开始，按【电源键】结束，大家可以尝试或上网查询自己手机型号的录屏方法。打开游戏后，按下录屏快捷键即可开始录制画面，如图1-13所示。

图1-13　使用手机进行游戏录屏

对于没有录屏功能的手机来说，也可以去手机应用商店中搜索下载一些录屏软件。另外，利用剪映App的"画中画"功能，可以轻松合成游戏录屏界面和主播真人出镜的画面，制作出更加生动的游戏类短视频作品。

1.4.4 分享知识技能

在短视频时代，人们可以非常方便地将自己掌握的知识录制成课程教学的短视频，然后通过短视频平台来传播并售卖给观众，从而帮助运营者获得不错的收益和知名度。

> **温馨提示**
>
> 如果运营者要通过短视频开展在线教学服务，首先得在某一领域比较有实力和影响力，这样才能确保教给付费者的东西是有价值的。另外，对于课程教学类短视频来说，内容相当重要，运营者可以根据点击量、阅读量和粉丝咨询量等数据，精心挑选一些热门、高频的实用案例。

下面总结了一些创作知识技能类短视频的相关技巧，如图1-14所示。

图 1-14　创作知识技能类短视频的相关技巧

1.4.5　增加视频人气

各种节日向来都是营销的旺季，运营者在制作短视频时，也可以借助节日热点来进行内容创新，提升作品的曝光量。

运营者可以从拍摄场景、服装、角色造型等方面入手，在短视频中打造节日氛围，引起观众共鸣，相关技巧如图1-15所示。

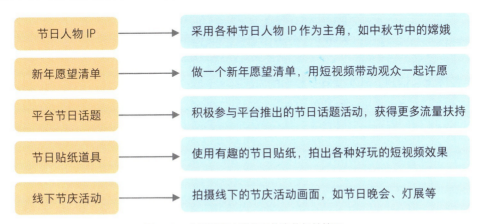

图 1-15　在短视频中蹭节日热度的相关技巧

例如，在抖音App中就有很多与节日相关的贴纸和道具，而且这些贴纸和道具是实时更新的，运营者在做短视频的时候不妨试一试，说不定能够为自己的作品带来更多人气，如图1-16所示。

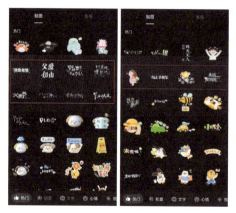

图 1-16　抖音中与节日相关的贴纸

1.4.6　精准定位内容

在模仿跟拍爆款内容时，如果运营者一时找不到合适的爆款来模仿，此时添加热门话题就是一个不错的方法。在抖音的短视频信息流中可以看到，几乎所有的短视频中都添加了话题，如图 1-17 所示。

图 1-17　添加了话题的视频

给视频添加话题，其实就等于给你的内容打上了标签，让平台快速了解这个内容是属于哪个标签的。不过，运营者在添加话题时，注意要添加同领域的话题，即可蹭到这个话题的流量。也就是说，话题可以帮助平台精准地定位运营者发布的短视频内容。通常情况下，一个短视频的话题为 3 个左右，具体应用规则如图 1-18 所示。

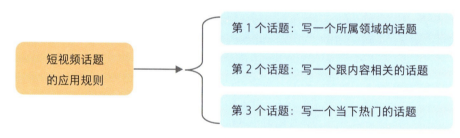

图 1-18　短视频话题的应用规则

第 2 章 编写热门脚本

对于短视频来说,脚本的作用与电影中的剧本类似,不仅可以用来确定故事的发展方向,而且还可以提高短视频拍摄的效率和质量,同时还可以指导短视频的后期剪辑。本章主要介绍编写热门脚本的相关内容。

2.1 创作优质视频

在很多人眼中,短视频似乎比电影还好看。主要是因为很多短视频不仅画面和BGM(Background Music,背景音乐)劲爆、转折巧妙,而且剧情不拖泥带水,能够让人"赏心悦目"。

而这些精彩的短视频背后,都是靠短视频脚本来承载的,脚本是整个短视频内容的大纲,对于剧情的发展与走向起着决定性作用。因此,用户需要写好短视频的脚本,让短视频的内容更加优质,这样才有更多机会上热门。

2.1.1 短视频脚本含义

脚本是用户拍摄短视频的主要依据,能够提前统筹安排好短视频拍摄过程中的所有事项,如什么时候拍、用什么设备拍、拍什么背景、拍谁及怎么拍等。表2-1所示为一个简单的短视频脚本模板。

表2-1 一个简单的短视频脚本模板

镜号	景别	运镜	画面	设备	备注
1	远景	固定镜头	在天桥上俯拍城市中的车流	手机广角镜头	延时摄影
2	全景	跟随运镜	拍摄主角从天桥上走过的画面	手持稳定器	慢镜头
3	近景	上升运镜	从人物手部拍到头部	手持拍摄	
4	特写	固定镜头	人物脸上露出开心的表情	三脚架	
5	中景	跟随运镜	拍摄人物走下天桥楼梯的画面	手持稳定器	
6	全景	固定镜头	拍摄人物与朋友见面问候的场景	三脚架	
7	近景	固定镜头	拍摄两人手牵手的温馨画面	三脚架	后期背景虚化
8	远景	固定镜头	拍摄两人走向街道远处的画面	三脚架	欢快的背景音乐

在创作一个短视频的过程中，所有参与前期拍摄和后期剪辑的人员都需要遵从脚本的安排，包括摄影师、演员、道具师、化妆师、剪辑师等。如果短视频没有脚本，那么很容易出现各种问题，如拍到一半发现场景不合适，或者道具没准备好，或者演员少了，又需要花费大量时间和资金去重新安排和做准备。这样，不仅会浪费时间和金钱，而且也很难做出想要的短视频效果。

2.1.2 短视频脚本作用

短视频脚本主要用于指导所有参与短视频创作的工作人员的行为和动作，从而提高工作效率，并保证短视频的质量。图2-1所示为短视频脚本的作用。

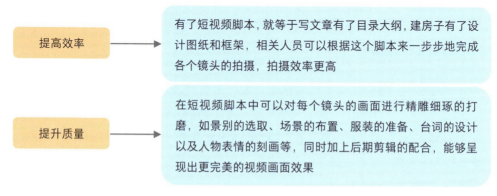

图2-1 短视频脚本的作用

2.1.3 短视频的脚本类型

短视频的时间虽然很短，但只要运营者足够用心，精心设计短视频的脚本和每一个镜头画面，让短视频的内容更加优质，便可以获得更多上热门的机会。短视频脚本一般分为分镜头脚本、拍摄提纲和文学脚本3种，如图2-2所示。

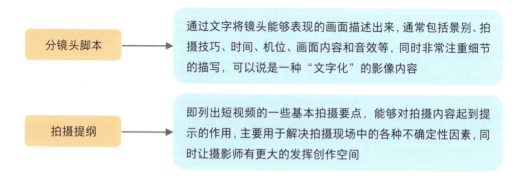

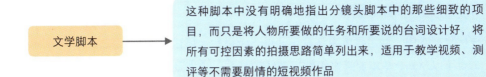

图 2-2 短视频的脚本类型

总结一下，分镜头脚本适用于剧情类的短视频内容，拍摄提纲适用于访谈类或资讯类的短视频内容，文学脚本则适用于没有剧情的短视频内容。

2.1.4 脚本的前期准备工作

当用户在正式开始创作短视频脚本前，需要做好一些前期准备，将短视频的整体拍摄思路确定好，同时制定一个基本的创作流程。图 2-3 所示为编写短视频脚本的前期准备工作。

图 2-3 编写短视频脚本的前期准备工作

2.1.5 短视频脚本基本要素

在短视频脚本中，运营者需要认真设计每一个镜头。那么，怎么来设计视频的每一个镜头呢？主要可以从6个基本要素来策划短视频的脚本，分别是景别、内容、台词、时长、运镜、道具，具体内容如图2-4所示。

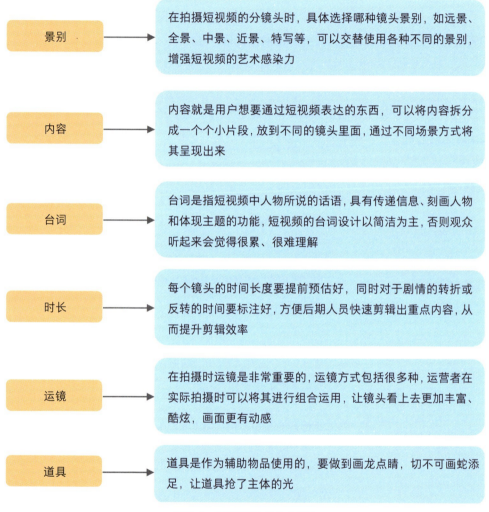

图 2-4 短视频脚本的基本要素

2.1.6 短视频脚本编写流程

在编写短视频脚本时，运营者需要遵循化繁为简的形式规则，同时需要确保内容的丰富度和完整性。编写短视频的主要流程为搭建框架、明确主题、设置角色、选择场景、设计情节、运用影调、背景音乐，具体内容如图2-5所示。

图 2-5　短视频脚本的基本编写流程

2.2　优化视频脚本

脚本是短视频立足的根基。运营者不用写太多复杂多变的镜头景别,而应该多安排一些反转、反差或充满悬疑的情节,来勾起观众的兴趣。

同时,短视频的节奏很快,信息点很密集。因此每个镜头的内容都要在脚本中交代清楚。本节主要介绍短视频脚本的一些优化技巧,帮助大家做出更优质的脚本。

2.2.1　站在观众的角度思考

要想拍出真正优质的短视频作品,运营者需要站在观众的角度去思考脚本内容的策划。比如,观众喜欢看什么东西,当前哪些内容比较受观众的欢迎,如何拍摄才能让观众看着更有感觉等。

显而易见,在短视频领域,内容比技术更加重要,即便是简陋的拍摄场景和服装道具都没关系，只要内容足够吸引观众，那么短视频就能火。

技术是可以慢慢练习的，但内容却需要运营者有一定的创作灵感，就像是音乐创作，好的歌手不一定是好的音乐人，好的作品却会经久流传。例如，抖音上充斥着各种"五毛特效"，但内容经过了运营者精心设计，仍然获得了观众的喜爱，可以认为他们比较懂观众的"心"。

例如，图2-6所示这个短视频账号中的人物主要以模仿各类影视剧和游戏角色为主，表面上看去比较粗糙，但其实每个道具都恰到好处地体现了他们所模仿人物的特点，而且特效也用得恰到好处，同时内容上也并不是单纯的模仿，而是加入了原创剧情，甚至还出现了不少经典台词，获得了大量粉丝的关注和点赞。

图2-6 某短视频案例

2.2.2 注重审美和画面感

短视频的拍摄和摄影类似，都非常注重审美，审美决定了作品高度。如今，随着各种智能手机的摄影功能越来越强大，进一步降低了短视频的拍摄门槛，不管是谁，只要拿起手机就能拍摄短视频。

另外，各种剪辑软件也越来越智能化，不管拍摄的画面有多粗制滥造，经过后期剪辑处理，都能变得很好看，就像抖音上神奇的"化妆术"一样。例如，剪映App中的"一键成片"功能，就内置了很多模板和效果，运营者只需要导入拍好的视频或照片素材，即可轻松做出同款短视频效果，如图2-7所示。

图2-7 剪映App的"一键成片"功能

也就是说，短视频的技术门槛已经越来越低了，普通人也可以轻松创作和发布短视频作品。但是，每个人的审美观是不一样的，短视频的艺术审美和强烈的画面感都是加分项，能够增强运营者的竞争力。

运营者不仅需要保证视频画面的稳定和清晰度，而且还需要突出主体。运营者可以通过组合各种景别、构图、运镜方式，以及结合快镜头和慢镜头的方式，来增强视频画面的运动感、层次感和表现力。总之，运营者既要形成好的审美观，还要多思考、多琢磨、多模仿、多学习、多总结、多尝试、多实践。

2.2.3 设置冲突和转折

在策划短视频的脚本时，运营者可以设计一些反差感强烈的转折场景，这种高低落差的安排，能够形成十分明显的对比效果，为短视频带来新意，同时也为观众带来更多笑点。

短视频中的冲突和转折能够让观众产生惊喜感，同时对剧情的印象更加深刻，刺激他们去点赞和转发。下面总结了一些在短视频中设置冲突和转折的相关技巧，如图2-8所示。

图 2-8 在短视频中设置冲突和转折的相关技巧

不管是电视剧、电影，还是短视频，跌宕起伏的剧情才能更多地吸引观众的注意。运营者可以尝试运用一些老梗，然后加上自己的创新，这样的剧情也会深入人心。对大部分人来说，老梗虽然已经是过去式了，但是他们仍会一边吐槽一边继续观看，因为这些老梗也曾流行过，也被大家深深喜欢过，而且加入创新的老梗后，故事里的冲突和转折也更能吸引大家。

2.2.4 模仿精彩的脚本

如果运营者在策划短视频的脚本内容时很难找到创意，可以去翻拍和改编一些经典的影视作品。运营者在寻找翻拍素材时，可以去豆瓣平台上找到各类影片排行榜。图2-9所示为2021年豆瓣评分最高的10部华语电影。运营者可以将排名靠前的影片都列出来，然后去其中搜寻经典的片段，包括某个画面、

图 2-9 豆瓣电影排行榜

道具、台词、人物造型等内容，都可以将其用到自己的短视频中。

2.2.5 优质脚本内容形式

对于短视频新手来说，账号定位和后期剪辑都不是难点，最让人头疼的往往是脚本策划。有时候，一个优质的脚本即可快速将一条短视频推上热门。那么，什么样的脚本才能让短视频上热门，并获得更多人的点赞呢？笔者总结了一些优质短视频脚本的常用内容形式，如图2-10所示。

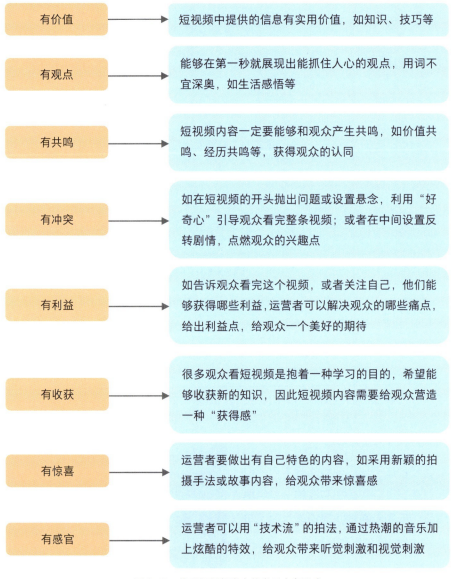

图 2-10 优质短视频脚本的常用内容形式

2.3 专业镜头语言

如今,短视频已经形成了一条完整的商业产业链,越来越多的企业、机构开始用短视频来进行宣传推广。因此短视频的脚本创作也越来越重要。

要写出优质的短视频脚本,用户还需要掌握短视频的镜头语言,这是一种比较专业的拍摄手法了,是短视频行业中的高级玩家和专业玩家必须掌握的技能。

2.3.1 专业的短视频镜头术语

对于普通的短视频玩家来说,通常都是凭感觉拍摄和制作短视频作品,这样显然是事倍功半的。要知道,很多专业的短视频机构,它们制作一条短视频通常只用很少的时间,而这主要就是通过镜头语言来实现的。

镜头语言也称为镜头术语,常用的短视频镜头术语有景别、运镜、构图、用光、转场、时长、关键帧、蒙太奇、定格、闪回等,这些也是短视频脚本中的重点元素,相关介绍如图2-11所示。

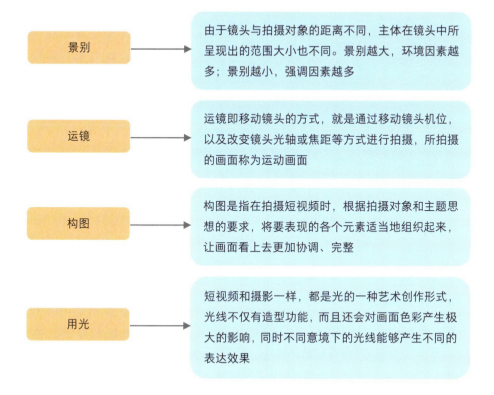

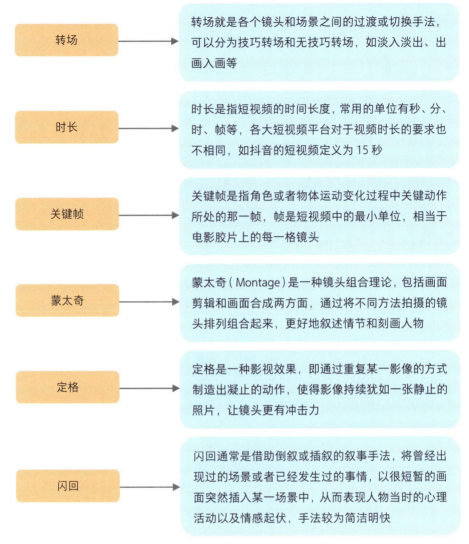

图 2-11 专业的短视频镜头术语

2.3.2 镜头语言之转场

无技巧转场是通过以一种十分自然的镜头过渡方式来连接两个场景，整个过渡过程看上去非常合乎情理，能够起到承上启下的作用。当然，无技巧转场并非完全没有技巧，它是利用人的视觉转换来安排镜头的切换，因此需要找到合理的转换因素和适当的造型因素。

常用的无技巧转场方式有两极镜头转场、同景别转场、特写转场、声音转场、空镜头转场、封挡镜头转场、相似体转场、地点转场、运动镜头转场、同一主体转场、主观镜头转场、逻辑因素转场等。

例如，空镜头（又称"景物镜头"）转场是指画面中只有景物、没有人物的镜头，具有非常明显的间隔效果，不仅可以渲染气氛、抒发感情、推进故事情节和刻画人物的心理状态，而且还能够交代时间、地点和季节的变化等。图2-12所示为两段用于描述环境的空镜头。

图 2-12　两段用于描述环境的空镜头

技巧转场是指通过后期剪辑软件在两个片段中间添加转场特效，来实现场景的转换。常用的技巧转场方式有淡入淡出、缓淡－减慢、闪白－加快、闪格、划像（二维动画）、翻转（三维动画）、定格、叠化、遮罩、幻灯片、特效、运镜、模糊、多画屏分割等。

如图2-13所示，这个视频采用的就是幻灯片中的"百叶窗"和"风车"转场效果，能够让视频画面像百叶窗和风车一样切换到下一场景。

 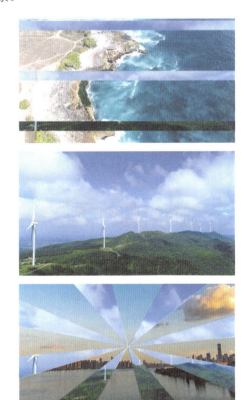

图 2-13　幻灯片中的"百叶窗"和"风车"转场效果

2.3.3 镜头语言之"起幅"与"落幅"

"起幅"与"落幅"是拍摄运动镜头时非常重要的两个术语,在后期制作中可以发挥很大的作用,相关介绍如图2-14所示。

"起幅"与"落幅"的固定画面可以用来强调短视频中要重点表达的对象或主题,而且还可以单独作为固定镜头使用。

值得注意的是,短视频片段可以采用摇移运镜的方式拍摄,这时"起幅"的镜头部分为人物主体,随着人物伸出手臂指向远处,镜头也跟随摇动,"落幅"的镜头部分为人物手指向的风景。

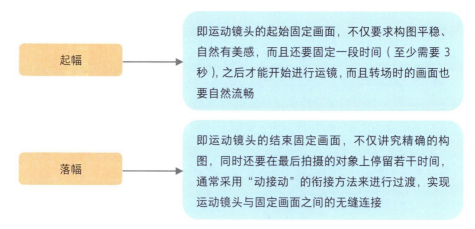

图 2-14 "起幅"与"落幅"的相关介绍

2.3.4 镜头语言之多机位拍摄

多机位拍摄是指使用多个拍摄设备,从不同的角度和方位拍摄同一场景,适合规模宏大或角色较多的拍摄场景,如访谈类、杂志类、演示类、谈话类及综艺类等短视频类型。

图2-15所示为一种谈话类视频的多机位设置图。在图中共安排了7台拍摄设备:1、2、3号机用于拍摄主体人物,其中1号机(带有提词器设备)重点用于拍摄主持人;4号机安排在后排观众的背面,用于拍全景、中景或中近景;5号机和6号机安排在嘉宾的背面,需要用摇臂将其架高一些,用于拍摄观众的

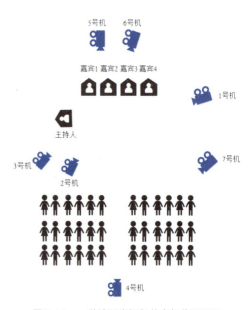

图 2-15 一种谈话类视频的多机位设置图

反应镜头；7号机则专门用于拍观众。

多机位拍摄可以通过各种景别镜头的切换，让视频画面更加生动、更有看点。另外，如果某个机位的画面出现失误或瑕疵的情况，也可以通过使用其他机位的方式来弥补。通过不同的机位来回切换镜头，可以让观众不容易产生视觉疲劳，并保持更久的关注度。

2.3.5 镜头语言之镜头节奏

节奏会受到镜头的长度、场景的变换和镜头中的影像活动等因素的影响。通常情况下，镜头节奏越快，则视频的剪辑率越高、镜头越短。剪辑率是指单位时间内镜头个数的多少，由镜头的长短来决定。

例如，长镜头就是一种典型的慢节奏镜头形式，而延时摄影则是一种典型的快节奏镜头形式。长镜头（Long Take）也称为一镜到底、不中断镜头或长时间镜头，是一种与蒙太奇相对应的拍摄手法，是指拍摄的开机点与关机点的时间距离较长。

延时摄影（Time-Lapse Photography）也称为延时技术、缩时摄影或缩时录影，是一种压缩时间的拍摄手法，它能够将大量的时间进行压缩，将几个小时、几天，甚至几个月中的变化过程，通过极短的时间展现出来，如几秒或几分钟。因此镜头节奏非常快，能够给观众呈现出一种强烈与震撼的视频效果，如图2-16所示。

图 2-16 采用延时技术拍摄的短视频

第 3 章 打造爆款文案

许多观众在看一个短视频时，首先注意到的可能就是它的标题文案。因此，一个短视频的标题好不好，将对它的相关数据造成很大的影响。那么，如何写出优质的短视频标题文案呢？笔者认为短视频标题文案的撰写应该是简单且精准的，只要一句话将重点内容表达出来就够了。

3.1 策划文案内容

许多短视频创业者都会利用自己的短视频进行带货，而这样的短视频可以称为电商产品视频。本节将介绍产品视频的文案内容策划技巧，帮助运营者快速打造吸睛的短视频文案。

3.1.1 准确描述时间和特点

运营者要在产品视频文案中将准确的时间告诉给观众，让他们做到心中有数，不会错过各种既得利益。例如，运营者可以在产品视频中直接告诉观众，本产品正在举行某项优惠活动，这个活动到哪天截止，在这个活动期间，观众能够得到的利益是什么。此外，运营者还需要提醒观众，在活动期结束后再想购买，就要花更多的钱。

参考口播文案："这款服装，我们今天做优惠降价活动，今天（××月××日）就是最后一天了，您还不考虑入手一件吗？过了今天，价格就会回到原价位，和现在的价位相比，足足多了几百元的差距呢！如果您想购买这款服装的话，必须得尽快下单哦，机不可失，时不再来。"

运营者通过视频向观众推荐产品时，就可以通过准确描述时间的方式给他们造成紧迫感，也可以通过视频界面的公告牌和悬浮图片素材中的文案来提醒观众。

此外，运营者还需要在视频中准确描述产品的特点和效果，且能够与观众的需求实现精准对接，让产品特色和观众痛点完美结合，这样才能吸引更多的观众。要写出产品视频的特点文案，需要运营者亲自体验产品，用自己的真实感受来打动观众。

3.1.2 精准表达产品拥有感

运营者在写电商产品视频文案时，可以适当抬高产品的价值，将观众拥有该产品后的感受描述出来，让他们在视频中产生短暂的"拥后感"，这样更能刺激观众的购买欲望。

3.1.3 准确使用描述形容词

在产品视频的文案中使用准确的感官形容词，包括味觉感官、嗅觉感官、视觉感官、听觉感官及动态感官等，可以加强观众对产品的感受，同时使文案的可信度更高。例如，在水果产品视频中，运营者使用精致饱满、果汁丰盈、甜美多汁、果冻口感、香甜可口、细嫩化渣等形容词来进行描述，便可以构建出生动的画面感，吸引观众。

3.1.4 准确体现产品独特性

运营者可以认真研究产品的卖点，写出能够展现产品独特性的视频文案，避免出现同质化的文案内容，具体方法如下。

- 参考竞品的视频文案，从中找到不同的切入点。
- 参考跨类别的产品视频文案，将其中的精华内容与自己的产品进行结合。

只要运营者能够写出百分之百的独特性文案，就能够达到快速占领用户心智的效果，相关示例如图3-1所示。

图 3-1　准确体现产品独特性的视频文案示例

3.1.5 准确体现产品针对性

在视频中准确体现产品针对性是指针对观众的某个需求或痛点来说的，可以多用"你"这个字，能够让展现的效果更加生动。

在通过电视广告打造品牌的时代，企业和运营者都在强调卖点的重要性，即产品的优势及特征，举几个简单的例子，如图3-2所示。

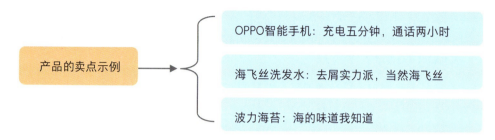

图 3-2　在文案中突出产品的卖点

与卖点不同，痛点强调的是消费者的诉求和体验，主要是从消费者自身出发的。比如，小米击中了大多数消费者觉得智能手机价格太高的痛点，支付宝、微信支付解决了很多人觉得带现金出门麻烦的痛点。而打造爆款产品视频的重点就在于能够准确击中消费者的痛点。

以一款免熨衬衫为例，为了击中消费者的痛点，首先就应该找到并归纳总结所有普通衬衫的痛点，具体内容如图 3-3 所示。然后就是根据这些痛点，对这款免熨衬衫进行包装和设计，针对性地击中消费者的某个痛点，使其成为爆款产品。

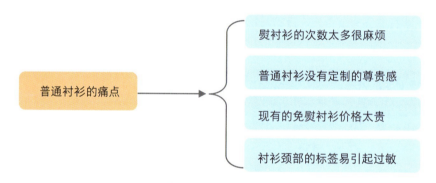

图 3-3　普通衬衫的痛点

总之，痛点就是通过对人性的挖掘全面解析产品和市场；痛点就潜藏在消费者的身上，需要你去探索和发现；痛点就是正中消费者下怀，使他们对产品和服务产生渴望和需求。

3.2　确定文案思路

文案是宣传中较为重要的一个环节，从其作用来看，优秀的文案具备强烈的感染力，能够给视频带来巨大的流量。在信息繁杂的网络时代，并不是所有的文案都能够获得成功的，尤其是对于缺乏技巧的文案而言，获得成功并不是轻而易举的事情。

从文案写作的角度出发，文案内容的感染力来源主要分为 5 个方面，这一节将对文案写作的相关问题进行解读。

3.2.1 规范宣传

随着互联网技术的快速发展，每天更新的信息量十分惊人。"信息爆炸"的说法主要就是来源于信息的增长速度，庞大的原始信息量和更新的网络信息量通过新闻、娱乐和广告信息作用于每一个人。

对于文案创作者而言，要想让文案被大众认可，并保障自己的文案能够在庞大的信息量中脱颖而出，首先需要做到的就是准确性和规范性。这两点做不到，会对短视频账号的运营产生不良影响，甚至自己的账号会被平台限流。

在实际的应用中，内容的准确性和规范性是对任何文案写作的基本要求，短视频运营者在写文案之前要留心文案规范格式，文案撰写完成后记得检查文案内容有无缺漏，具体的内容分析如图3-4所示。

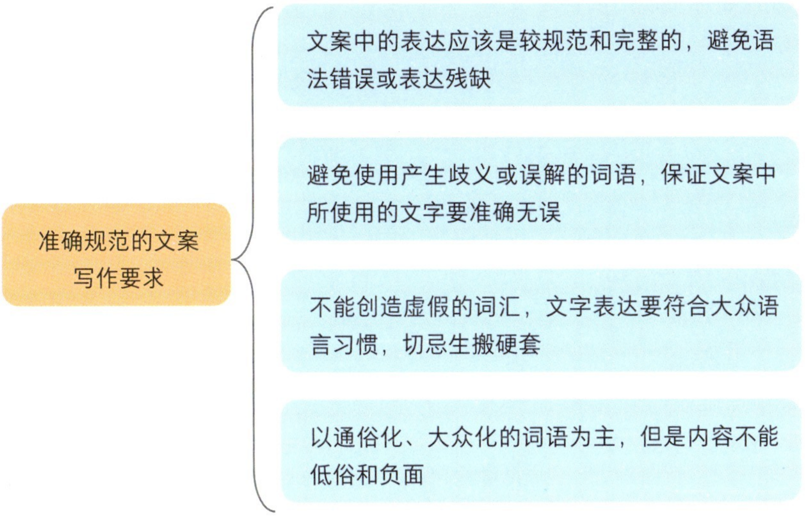

准确规范的文案写作要求：
- 文案中的表达应该是较规范和完整的，避免语法错误或表达残缺
- 避免使用产生歧义或误解的词语，保证文案中所使用的文字要准确无误
- 不能创造虚假的词汇，文字表达要符合大众语言习惯，切忌生搬硬套
- 以通俗化、大众化的词语为主，但是内容不能低俗和负面

图 3-4　准确规范的文案写作要求

之所以要准确、规范地进行文案写作，主要就是因为准确和规范的文案信息更能够被观众理解，更能促进视频的有效传播。

3.2.2 打造热点

热点之所以能成为热点，就是因为有很多人关注，把它给炒热了。而一旦某个内容成为热点之后，许多人便会对其多一分兴趣。所以，在文案写作的过程中如果能够围绕热点打造内容，便能起到更好地吸引短视频观众的目的。

例如，近段时间电视剧《星汉灿烂》的热度很高，很多观众都非常喜欢这部剧，网友利用这一热点制作了短视频并发布在抖音上，便成功地引起了追剧用户的注意。

3.2.3 立足定位

精准定位同样属于文案的基本要求之一，每一个成功的广告文案都具备这一特点，即了解自己的目标受众，根据自己目标受众人群的属性打造精准的文案，以利于受众接受，达到想要的效果。

这类文案文字虽然简单，但是精准，这对于短视频来说是非常加分的。视频文案很明确地指出了目标受众是什么人群，这样能够快速吸引大量对这类内容感兴趣的用户的目光，获得他们的喜欢。

当然，短视频运营者首先需要知道自己的目标受众是什么人，清楚用户的具体画像，如用户喜欢什么类型的文案，喜欢何种形式的短视频。一般情况来说，运营者在拍摄视频初期就会确定自己所拍摄视频的目标受众，然后写手会根据目标受众的特征属性和视频内容来写文案。写手如何精准地表达内容定位呢？可以从4个方面入手，如图3-5所示。

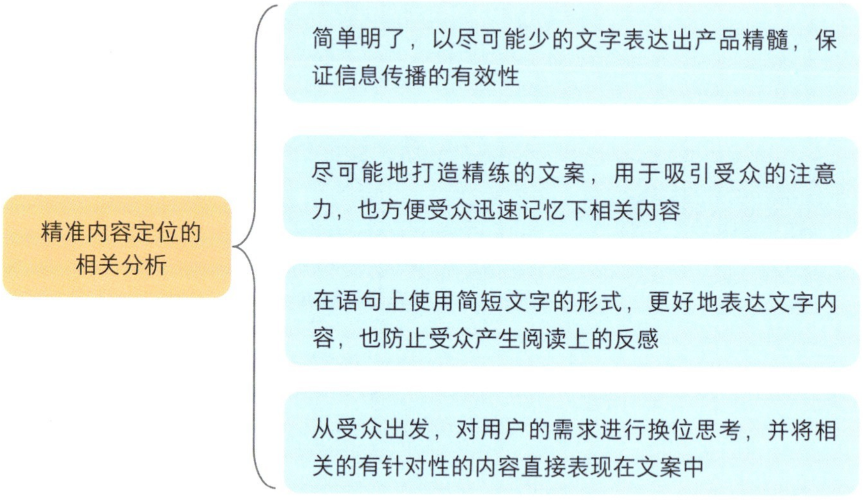

精准内容定位的相关分析：
- 简单明了，以尽可能少的文字表达出产品精髓，保证信息传播的有效性
- 尽可能地打造精练的文案，用于吸引受众的注意力，也方便受众迅速记忆下相关内容
- 在语句上使用简短文字的形式，更好地表达文字内容，也防止受众产生阅读上的反感
- 从受众出发，对用户的需求进行换位思考，并将相关的有针对性的内容直接表现在文案中

图 3-5　精准内容定位的相关分析

3.2.4 个性化表达

生动形象的文案表达能营造出画面感，从而加深受众的第一印象，让受众看一眼就能记住文案内容。

对于文案写手而言，每一个优秀的文案在最初都只是一张白纸，需要创作者不断地添加内容，才能够最终成型。要想更有效地完成任务，就需要对相关的工作内容有一个完整认识。

而一则生动形象的文案可以通过清晰的别样表达，在吸引受众关注、快速让受众接收文案内容的同时，激发受众对文案中内容的兴趣，从而使得受众观看、点赞、评论和转发视频。

3.2.5 具有创意

创意对于任何行业的视频文案都十分重要，尤其是在网络信息极其发达的当今社会，自主创新的内容往往能够让人眼前一亮，进而使视频获得更多的关注。

创意是为文案主题服务的，所以文案中的创意必须与主题有着直接关系。创意不能生搬硬套，牵强附会。在常见的优秀案例中，文字和图片的双重创意往往比单一的创意更能够打动人心。

对于正在创作中的文案而言，要想突出文案特点，在保持创新的前提下需要通过多种方式更好地打造文案本身。文案表达主要有7个方面的要求，具体为词语优美、方便传播、易于识别、内容流畅、契合主题、易于记忆和突出重点。

3.3 撰写吸睛标题

在短视频账号的运营过程中，标题的重要性不言而喻。正如曾经流传的一句话所言："标题决定了80%的流量。"虽然其来源和准确性不可考，但由其流传之广就可知，其中涉及的关于标题重要性的话题是值得重视的。本节主要介绍10种撰写短视频标题文案的常用套路，帮助大家快速打造有吸引力的标题。

3.3.1 福利类型标题

福利发送型的标题是指在标题上带有与"福利"相关的字眼，向观众传递一种"这个短视频就是来送福利的"的感觉，让观众自然而然地想要看完短视频。福利式标题准确把握了观众追求利益的心理需求，让他们一看到"福利"的相关字眼就会忍不住想要了解短视频的内容。

福利式标题的表达方法有两种，一种是直接型，另一种则是间接型，虽然具体方式不同，但是效果都相差无几，如图3-6所示。

图 3-6 福利式题的表达方法

值得注意的是，在撰写福利式标题的时候，无论是直接型还是间接型，都应该掌握3点技巧，如图3-7所示。

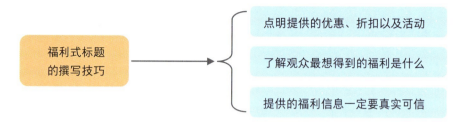

图 3-7 福利式标题的撰写技巧

福利式标题通常会给观众带来一种惊喜之感,试想,如果短视频标题中或明或暗地指出含有福利,难道观众不会心动吗?

福利式标题既可以吸引观众的注意力,又可以为他们带来实际的利益,可谓是一举两得。当然,运营者在撰写福利式标题时也要注意,不要因为侧重福利而偏离了主题,而且最好不要使用太长的标题,以免影响短视频的传播效果。

3.3.2 励志类型标题

励志式标题最为显著的特点就是"现身说法",一般是通过第一人称的方式讲故事,故事的内容包罗万象,但总的来说离不开成功的方法及经验等。

如今,很多人都想致富,却苦于没有致富的方法和动力,如果这个时候给他们看励志鼓舞型的短视频,让他们知道成功者是怎样打破枷锁走上人生巅峰的,他们就很有可能对带有这类标题的内容感兴趣。因此这样的标题结构就会具有独特的吸引力。励志式标题模板主要有两种,如图3-8所示。

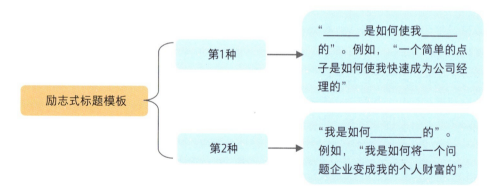

图 3-8 励志式标题的两种模板

励志式标题的好处在于煽动性强,容易制造一种鼓舞人心的感觉,勾起观众的欲望,从而提升短视频的完播率。

那么,打造励志式标题是不是单单依靠模板就好了呢?答案是否定的,模板固然可以借鉴,但在实际的操作中,还是要根据内容的不同而写出特定的标题文案。总的来说,励志式标题有3种经验技巧可供借鉴,如图3-9所示。

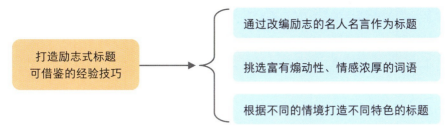

图 3-9　打造励志式标题可借鉴的经验技巧

一个成功的励志式标题不仅能够带动观众的情绪，而且还能促使他们对短视频产生极大的兴趣。励志式标题一方面是利用观众想要获得成功的心理，另一方面则是巧妙借鉴了情感共鸣的方法，通过带有励志色彩的字眼来引起观众的情感共鸣，从而成功吸引他们的眼球。

3.3.3　冲击类型标题

所谓"冲击力"，即带给人在视觉和心灵上的触动的力量，也是引起用户关注视频内容的原因，在撰写短视频标题时它有着独有的价值和魅力。

在具有冲击力的标题撰写中，要善于利用"第一次"和"比……还重要"等类似的比较具有极端性特点的词汇。因为用户往往比较关注那些具有特点的事物，而"第一次"和"比……还重要"等词汇是最能充分体现其突出性的，也最能带给用户强大的戏剧冲击感和视觉刺激感。

3.3.4　悬念类型标题

好奇是人的天性，悬念型标题就是利用人的好奇心来打造的，它首先抓住用户的眼球，然后提升受众的阅读兴趣。

标题中的悬念是一个诱饵，引导用户查看短视频的内容，因为大部分人看到标题里的疑问和悬念，就忍不住想进一步弄清楚真相，这就是悬念型标题的套路。

悬念型标题在日常生活中运用得非常广泛，也非常受欢迎。人们在看电视或综艺节目时，也会经常看到一些节目预告，这些预告就是采用悬念型标题引起观众的兴趣的。总的来说，利用悬念撰写标题的方法通常有4种，如图3-10所示。

图 3-10　利用悬念撰写标题的常见方法

悬念型标题的主要目的是增加短视频的可看性。因此短视频运营者需要注意的是，使用这种类型的标题，一定要确保短视频内容确实是能够让用户感到惊奇的。不然就会引起他们的失望与不满，继而他们便会对运营者的账号产生怀疑，影响运营者在用户心中的形象。

文案的悬念标题如果是为了悬念而悬念，这样只能够博取大众1~3次的眼球，很难保留长时间的效果。

如果内容太无趣、无法达到文案引流的目的，那就是一篇失败的文案，会导致文案营销的活动也随之泡汤。

因此，写手在设置悬念型标题的时候，需要非常慎重，最好是有较强的逻辑性，切忌为了标题而忽略文案营销的目的和文案本身的质量。

3.3.5 借势类型标题

"借势"是一种常用的标题制作手法，"借势"不仅完全是免费的，而且效果还很可观。"借势"型标题是指在标题上借助社会上一些时事热点和新闻的相关词汇来给短视频造势，增加点击量。

"借势"一般都是借助最新的热门事件吸引受众的眼球。一般来说，时事热点拥有一大批关注者，而且传播的范围也会非常广，短视频标题借助这些热点就可以让用户轻易地搜索到该短视频，从而吸引用户查看该短视频的内容。

那么，在创作"借势"型标题的时候，应该掌握哪些技巧呢？大家可以从3个方面来努力，如图3-11所示。

图 3-11 打造借势型标题的技巧

值得注意的是，在打造"借势"型标题的时候，要注意两方面。
- 一方面是带有负面影响的热点不要蹭，大方向要积极向上，带给受众正确的思想引导。
- 另外一方面是最好在借势型标题中加入自己的想法和创意，做到借势和创意的完美同步。

3.3.6 急迫类型标题

使用急迫型标题时，往往会让用户产生现在就会错过什么的感觉，从而立马查看短视频。这类标题具体应该如何打造？下面将其相关技巧总结为3点，如图3-12所示。

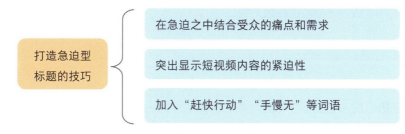

图 3-12 打造急迫型标题的技巧

急迫型标题是促使受众行动起来的最佳手段,同时也是切合受众利益的一种标题形式。

3.3.7 警告类型标题

警告型标题常常通过发人深省的内容和严肃深沉的语调给受众以强烈的心理暗示,给短视频用户留下深刻印象。警告型的新闻标题常常被很多短视频运营者所追捧和使用。

警告型标题是一种有力量且严肃的标题,也就是通过标题给人以警醒作用,从而引起短视频用户的高度注意,它通常会将以下 3 种内容移植到短视频标题中,如图 3-13 所示。

图 3-13 警告型标题包含的内容

很多人只知道警告型标题能够起到比较显著的影响,容易夺人眼球,但具体如何撰写却是一头雾水。这里主要分享 3 点技巧,如图 3-14 所示。

图 3-14 打造警告型标题的技巧

在运用警告型标题时,需要注意运用是否得当,因为并不是每一个短视频都可以使用这种类型的标题的。这种标题形式运用得当能加分,运用不当的话,很容易让用户产生反感情绪,或引起一些不必要的麻烦。因此,短视频运营者在使用警告型标题时要谨慎小心,注意用词是否恰当,绝对不能草率行文,不顾内容胡乱取标题。

警告型标题的应用场景有很多,无论是技巧类的短视频内容,还是供大众消遣的娱乐八卦新闻，都可以用到这一类型的标题形式。

3.3.8 观点类型标题

观点型标题，是以表达观点为核心的一种标题撰写形式，它一般会在标题上精准地提到某个人，并且把他的人名镶嵌在标题之中。值得注意的一点是，这种类型的标题还会在人名后紧接这个人的观点或看法。

观点型标题比较常见，且使用范围广。一般来说，这类观点型标题写起来比较简单，基本上都是"人物+观点"的形式。这里总结了观点型标题常用的5种公式，供大家参考，如图3-15所示。

当然，公式是一个比较刻板的东西，在实际的标题撰写过程中，不可能完全按照公式来做，只能说它可以为我们提供大致的方向，或者说它只是一个模板，短视频运营者可以灵活运用它。在具体的观点型标题撰写时，短视频运营者可以借鉴的经验技巧呢，如图3-16所示。

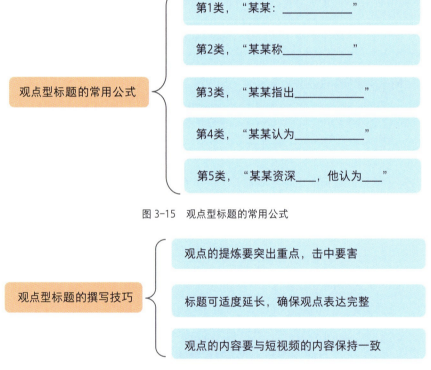

图 3-15　观点型标题的常用公式

图 3-16　观点型标题的撰写技巧

观点型标题的好处在于一目了然，特别是当人物的名气比较大时，"人物+观点"的形式往往能在第一时间引起受众的注意，从而更好地提升短视频的点击率，如图3-17所示。

图 3-17　观点型标题

3.3.9　独家类型标题

独家型标题，也就是从标题上体现短视频运营者所提供的信息是独有的珍贵资源，值得用户观看和转发。从用户心理方面而言，独家型标题所代表的内容一般会给人一种自己率先获知，别人却没有的感觉，因而在心理上更容易获得满足。

在这种情况下，好为人师和想要炫耀的心理就会驱使用户自然而然地去转发短视频，成为短视频潜在的传播源和发散地。

独家型标题会给用户带来独一无二的荣誉感，同时还会使得短视频内容更加具有吸引力，那么短视频运营者在撰写这样的标题时应该怎么做？是直接点明"独家资源，走过路过不要错过"，还是运用其他的方法来暗示用户这则短视频的内容是与众不同的呢？

在这里提供3点技巧，帮助大家成功打造出夺人眼球的独家型标题，如图3-18所示。

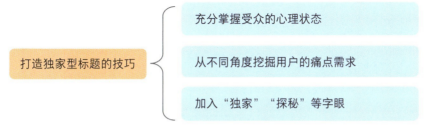

图 3-18　打造独家型标题的技巧

使用独家型标题的好处在于可以吸引到更多的用户，让用户觉得短视频内容比较珍贵，从而主动宣传和推广短视频，让短视频得到广泛传播。

独家型的标题往往也暗示着短视频内容的珍贵性。因此撰写者需要注意，如果标题使用的是带有独家性质的形式，就必须保证短视频的内容也是独一无二的。独家型的标题要与独家性的内容相结合，否则会给用户造成不好的印象，从而影响后续短视频的点击量。

3.3.10 数字类型标题

数字型标题是指在标题中呈现出具体的数字，通过数字的形式来概括相关的主题内容。数字不同于一般的文字，它会带给用户比较深刻的印象，与他们的心灵产生奇妙的碰撞，很好地利用了他们的好奇心理。在标题中采用数字型标题有不少好处，具体体现在3个方面，如图3-19所示。

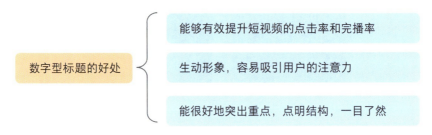

图 3-19 数字型标题的好处

值得短视频运营者注意的是，数字型标题很容易打造，因为它是一种概括性的标题，只要做到以下3点就可以撰写出来，如图3-20所示。

图 3-20 撰写数字型标题的技巧

此外，数字型标题还包括很多不同的类型，比如时间、年龄等，具体来说可以分为3种，如图3-21所示。

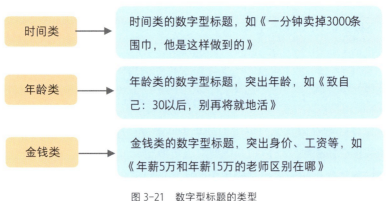

图 3-21 数字型标题的类型

数字型的标题比较常见，它通常会采用悬殊的对比、层层递进等方式呈现，目的是营造一个比较新奇的情景，对用户产生视觉上和心理上的冲击。

事实上，很多内容都可以通过具体的数字总结和表达，只要把想重点突出的内容提炼成数字即可。同时还要注意的是，在打造数字型标题的时候，最好使用阿拉伯数字，统一数字格式，尽量把数字放在标题前面。当然，这也需要短视频运营者根据视频内容来选择数字的格式和数字所放的位置。

第2篇 拍摄剪辑

掌握拍摄秘籍
· 拍摄打光艺术
· 确定构图方式
· 镜头拍摄技巧

学会剪辑技巧
· 视频剪辑基础
· 处理视频音频

制作精美特效
· 调节视频画面
· 添加视频特效

第 4 章 掌握拍摄秘籍

对于短视频来说,即使是相同的场景,也可以采用不同的构图和光线形式,从而形成不同的画面视觉感受。用户在拍摄短视频作品时,可以通过适当的构图和打光技巧,展现出独特的画面魅力。

4.1 拍摄打光艺术

虽然产品视频的拍摄门槛不高,但是好的视频大多不是轻易就可以拍出来的。除了构图外,打光也是非常重要的一环,打光处理得好,才能拍出优秀的产品视频。摄影可以说就是光的艺术表现,如果想要拍出好作品,必须把握住最佳影调,抓住瞬息万变的光线。

4.1.1 光线的质感和强度

从光线的质感和强度上来区分,画面影调可以分为高调、低调、中间调,以及粗犷、细腻、柔和等。对于产品视频来说,影调的控制也是相当重要的,它是产品视频拍摄时常用的情绪表达方式,不同的影调能够给人带来不同的视觉感受。

(1)粗犷的画面影调主要特点:明暗过渡非常强烈,画面中的灰色部分面积比较小,基本上不是亮部就是暗部,反差非常大,可以形成强烈的对比,画面视觉冲击力强。

(2)柔和的画面影调主要特点:在拍摄场景中几乎没有明显的光线,明暗反差非常小,被拍物体也没有明显的暗部和亮部,画面比较朦胧,给人的视觉感受非常舒服。

(3)细腻的画面影调主要特点:画面中的灰色占主导地位,明暗层次感不强,但比柔和的画面影调要稍好一些,而且也兼具了柔和的特点。通常要拍出细腻的画面影调,可以采用顺光、散射光等光线。

(4)高调画面光影调主要特点:画面中以亮调为主导,暗调占据的面积非常小,或者几乎没有暗调,色彩主要为白色、亮度高的浅色及中等亮度的颜色,画面看上去很明亮、柔和。

(5)中间调画面光影调主要特点:画面的明暗层次、感情色彩等都非常丰富,细节把握也很好,不过其基调并不明显,可以用来展现独特的影调魅力,能够很好地体现产品的细节特征。

（6）低调画面光影调主要特点：暗调为画面的主体影调，受光面非常小，色彩主要为黑色、低亮度的深色及中等亮度的颜色，在画面中留下大面积的阴影部分，呈现出深沉、黑暗的画面风格，会给观众带来深邃、凝重的视觉效果。

4.1.2 利用不同类型光源

不管是阴天晴天还是白天黑夜，都会存在光影效果，拍视频要有光，更要用好光。下面介绍3种不同的光源，包括自然光、人造光、现场光的相关知识，让大家认识这3种常见的光源，学习运用这些光源来让产品视频的画面色彩更加丰富。

1. 自然光

自然光，显而易见就是指大自然中的光线，通常来自太阳的照射，是一种热发光类型。自然光的优点在于光线比较均匀，而且照射面积也非常大，通常不会产生有明显对比的阴影。自然光的缺点在于光线的质感和强度不够稳定，会受到光照角度和天气因素的影响。

2. 人造光

人造光主要是指利用各种灯光设备产生的光线效果，比较常见的光源类型有白炽灯、日光灯、节能灯及LED（Light-Emitting Diode，发光二极管）灯等，相关优缺点如图4-1所示。人造光的主要优势在于可以控制光源的强弱和照射角度，从而完成一些特殊的拍摄要求，增强画面的视觉冲击力。

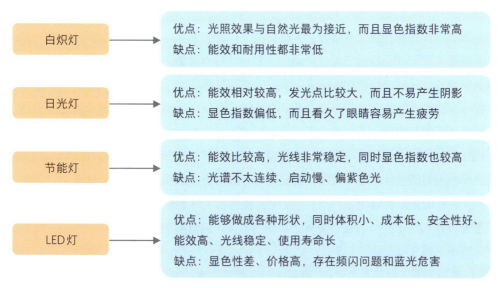

图 4-1　各种人造光的优缺点

3. 现场光

现场光主要是利用拍摄现场中存在的各种已有光源来拍摄产品视频，如路灯、建筑外围的灯光、舞台氛围灯、室内现场灯及大型烟花晚会的光线等，这种光线可以更好地传递场景中的情调，而且真实感很强。

但需要注意的是，运营者在拍摄时需要尽可能地找到高质量的光源，避免画面模糊。自然光线是可以利用的，当自然光不能有效利用时，可以尝试使用人造光源或现场光源，这也是一种十分有效的拍摄方法。

4.1.3 用反光板控制光线

在室外拍摄模特或产品时，很多人会先考虑背景，其实光线才是首要因素，如果没有一个好的光线照到模特的脸上，再好的背景也是没用的。反光板是摄影中常用来补光的设备，通常有5种颜色，作用也各不相同，如图4-2所示。

图 4-2 反光板

反光板的反光面通常采用优质的专业反光材料制作而成，反光效果均匀。骨架则采用高强度的弹性尼龙材料，轻便耐用，可以轻松折叠收纳。另外，运营者还可以选购一个可伸缩的反光板支架，能够安装各类反光板，而且还配有方向调节手柄，可以配合灯架使用，根据需求来调节光线的角度。

银色反光板表面明亮且光滑，可以产生更为明亮的光，很容易映现到模特的眼睛里，从而拍出大而明亮的眼神光效果。在阴天或顶光环境下，可以直接将银色反光板放在模特的脸部下方，让它刚好位于镜头的视场之外，从而将顶光反射到模特脸上。

与银色反光板的冷调光线不同的是，金色反光板产生的光线会偏暖色调，通常可以作为主光使用。在明亮的自然光下逆光拍摄模特时，可以将金色反光板放在模特侧面或正面稍高的位置，将光线反射到模特的脸上，不仅可以形成定向光线效果，而且还可以防止背景出现曝光过度的情况。

4.2 确定构图方式

在拍摄短视频时，构图是指通过安排各种物体和元素，来实现一个主次关系分明的画面效果。我们在拍摄短视频场景时，可以通过适当的构图方式，将自己的主题思想和创作意图形象化和可视化地展现出来，从而创造出更出色的视频画面效果。

4.2.1 黄金分割

黄金分割构图法是以1∶1.618这个黄金比例来进行构图，其包括多种形式。运用黄金分割构图法可以让视频画面更自然、舒适，更能吸引观众的眼球。

> **温馨提示**
>
> 黄金比例线是在九宫格的基础上，将所有线条都分成3/8、2/8、3/8三条线段，则它们中间的交叉点就是黄金比例点，是画面的视觉中心。在拍摄视频时，可以将要表达的主体放置在这个黄金比例线的比例点上，来突出画面主体。

黄金分割线还有一种特殊的表达方法，那就是黄金螺旋线，它是根据斐波那契数列画出来的螺旋曲线，是自然界最完美的经典黄金比例，如图4-3所示。

很多手机相机都自带了黄金螺旋线构图辅助线，用户在拍摄时可以直接打开该功能，将螺旋曲线的焦点对准主体即可，然后再切换至视频模式拍摄。

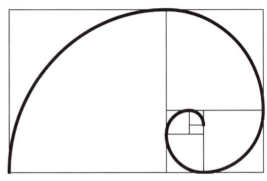

图4-3 黄金螺旋线

4.2.2 九宫格构图

九宫格构图又叫井字形构图，是指用横竖各两条直线将画面等分为9个空间，不仅可以让画面更加符合人们的视觉习惯，而且还能突出主体、均衡画面。图4-4所示为九宫格构图示例。使用九宫格构图拍摄视频，不仅可以将主体放在4个交叉点上，还可以将其放在9个空间格内，从而使主体非常自然地成为画面的视觉中心。

图4-4 九宫格构图示例

4.2.3 水平线构图

水平线构图就是以一条水平线来进行构图取景,给人带来辽阔和平静的视觉感受。水平线构图需要前期多看、多琢磨,寻找一个好的拍摄地点进行拍摄。水平线构图方式对于拍摄者的画面感有着比较高的要求,看似是最为简单的构图方式,反而常常要花费非常多的时间才能拍摄出一个好的视频作品。

图4-5所示为采用水平线构图示例。该图通过用水平线水平分割整个画面,可以让画面达到绝对的平衡,体现出不一样的视觉感受。

图 4-5　水平线构图示例

水平线构图的拍法有以下两种方式。

- 第一种就是直接利用水平线进行视频的拍摄。
- 第二种就是利用与水平线平行的线进行构图,如地平线等。

4.2.4 三分线构图

三分线构图是指将画面从横向或纵向分为三部分,在拍摄视频时,将对象或焦点放在三分线的某一位置上进行构图取景,让对象更加突出、画面更加美观。

三分线构图的拍摄方法十分简单,只需要将视频拍摄主体放置在拍摄画面的横向或纵向三分之一处即可。如图4-6所示,视频画面中上面三分之二为山川白云,下面三方之一为江面,可以形成一种动静对比。

图 4-6 三分线构图示例

采用三分线构图拍摄短视频最大的优点就是，将主体放在偏离画面中心的三分之一位置，使画面不至于太枯燥、呆板，还能突出视频的主题，使画面紧凑有力。

4.2.5 斜线构图

斜线构图主要利用画面中的斜线引导观众的目光，同时能够展现物体的运动、变化及透视规律，可以让视频画面更有活力感和节奏感。斜线的纵向延伸可加强画面深远的透视效果，而斜线的不稳定性则可以使画面富有新意，给观众带来独特的视觉效果。

在拍摄短视频时，想要取得斜线构图效果也不是难事，一般来说利用斜线构图拍摄视频主要有以下两种方法。

- 第一种是利用视频拍摄主体本身具有的线条构成斜线。
- 第二种是利用周围环境或道具，为视频拍摄主体构成斜线。

4.2.6 对称构图

对称构图是指画面中心有一条线把画面分为对称的两份，可以是画面上下对称，也可以是画面左右对称，或者是画面的斜向对称，这种对称画面会给人一种平衡、稳定、和谐的视觉感受。

如图4-7所示，以地面与水面的交界线为水平对称轴，水面清晰地反射了上方的景物，形成上下对称构图，让视频画面的布局更为平衡。

图 4-7 上下对称构图示例

4.2.7 框式构图

框式构图也叫框架式构图,也有人称为窗式构图或隧道构图。框式构图的特征是借助某个框式图形来构图,而这个框式图形,可以是规则的,也可以是不规则的,可以是方形的,也可以是圆的,甚至是多边形的。

框式构图的重点,是利用主体周边的物体构成一个边框,可以起到突出主体的效果。框式构图主要是通过门窗等作为前景形成框架,透过门窗框的范围引导欣赏者的视线至被摄对象上,使得视频画面的层次感得到增强,同时具有更多的趣味性,形成不一样的画面效果。

> **温馨提示**
>
> 框式构图其实还有一层更高级的玩法,大家可以去尝试一下,就是逆向思维,通过对象来突出框架本身的美,这里是指将对象作为辅体,框架作为主体。

想要拍摄框式构图的视频画面,就需要寻找到能够作为框架的物体,这就需要我们在日常生活中多仔细观察,留心身边的事物。图4-8所示为利用方形结构作为框架进行构图,增强了视频画面的纵深感。

图4-8 利用周围环境的框式结构进行构图

4.2.8 透视构图

透视构图是指视频画面中的某一条线或某几条线,有由近及远形成的延伸感,能使观众的视线沿着视频画面中的线条汇聚成一点。

在短视频的拍摄中,透视构图可以分为单边透视和双边透视。单边透视是指视频画面中只有一边带有由远及近形成延伸感的线条,能增强视频拍摄主体的立体感;双边透视则是指视频画面两边都带有由远及近形成延伸感的线条,能很好地汇聚观众的视线,使视频画面更具动感和深远意味,如图4-9所示。

> **温馨提示**
>
> 透视构图本身就有"近大远小"的规律,这些透视线条能让观众的眼睛沿着线条指向的方向看去,有引导观众视线的作用。拍摄透视构图的关键所在,自然是找到有透视特征的事物,比如一条由近到远的马路、围栏或走廊等。

图 4-9 双边透视构图示例

4.2.9 中心构图

中心构图就是将拍摄主体放置在视频画面的中心进行拍摄,其最大的优点在于主体突出、明确,而且画面可以达到上下左右平衡的效果,更容易抓人眼球。

图 4-10 所示为采用"推镜头+中心构图"拍摄的视频画面,其构图形式非常精练,在运镜的过程中始终将人物放在画面中间,观众的视线会自然而然地集中到主体上,让你想表达的内容一目了然。

图 4-10 中心构图示例

4.2.10 几何形态构图

几何形构图主要是利用画面中的各种元素组合成一些几何形状，如矩形、三角形、方形和圆形等，让作品更具形式美感。

1. 矩形构图

矩形在生活中比较常见，如建筑外形、墙面、门框、窗框、画框和桌面等。矩形是一种非常简单的画框分割形态，用矩形构图能够让画面呈现出静止、不屈和正式的视觉效果。

2. 圆形构图

圆形构图主要是利用拍摄环境中的正圆形、椭圆形或不规则圆形等物体来取景，可以给观众带来旋转、运动、团结一致和收缩的视觉美感，同时还能够产生强烈的向心力。

3. 三角形构图

三角形构图主要是指画面中有3个视觉中心，或者用3个点来安排景物构成一个三角形，这样拍摄的画面极具稳定性。三角形构图包括正三角形（坚强、踏实）、斜三角形（安定、均衡、灵活性）或倒三角形（明快、紧张感、有张力）等不同形式。

4.3 镜头拍摄技巧

在拍摄短视频时，运营者尤其需要在镜头的运动方式方面下功夫，掌握一些"短视频大神"常用的运镜手法，能够帮助运营者更好地突出视频中的主体和主题，让观众的视线集中在要表达的内容上，同时让短视频作品更加生动，更有画面感。

4.3.1 运动镜头

运动镜头是指在拍摄的同时会不断调整镜头的位置和角度，也可以称之为移动镜头。因此，在拍摄形式上，运动镜头要更加多样化，常见的运动镜头包括推拉运镜、横移运镜、摇移运镜、甩动运镜、跟随运镜、升降运镜及环绕运镜等。运营者在拍摄短视频时可以熟练使用这些运镜方式，更好地突出画面细节和表达主体内容，从而吸引更多用户来关注你的作品。

4.3.2 固定镜头

短视频的拍摄镜头包括两种常用类型，分别为固定镜头和运动镜头。固定镜头就是指在拍摄短视频时，镜头的机位、光轴和焦距等都保持固定不变，适合拍摄画面中有运动变化的对象，如车水马龙和日出日落等画面。

图4-11所示是采用三脚架固定手机镜头拍摄的流云延时视频，这种固定镜头的拍摄形式能够将天空中云卷云舒的画面完整地记录下来。

图 4-11 使用固定镜头拍摄云卷云舒的画面

4.3.3 镜头角度

在使用运镜手法拍摄短视频前,运营者首先要掌握各种镜头角度,如平角、斜角、仰角和俯角等,熟悉角度能够让你在运镜时更加得心应手。

1. 平角

即镜头与拍摄主体保持水平方向的一致,镜头光轴与对象(中心点)齐高,能够更客观地展现拍摄对象的原貌。

2. 斜角

即在拍摄时将镜头倾斜一定的角度,从而产生一定的透视变形的画面失调感,能够让视频画面显得更加立体。

3. 仰角

即采用低机位仰视的拍摄角度,能够让拍摄对象显得更加高大,同时可以让视频画面更有代入感。

4. 俯角

即采用高机位俯视的拍摄角度,可以让拍摄对象看上去更加弱小,适合拍摄建筑、街景、人物、风光、美食或花卉等短视频题材,能够充分展示主体的全貌。

第 5 章 学会剪辑技巧

如今，视频剪辑工具越来越多，功能也越来越强大。其中，剪映是抖音推出的一款视频剪辑软件，拥有全面的剪辑功能。本章，笔者将以剪映为例，介绍产品视频的基本剪辑技巧，帮助大家快速做出优质的视频效果。

5.1 视频剪辑基础

消费者在网上购物时，能够对产品进行认知的手段之一就是观看产品视频，通过视频可以十分清楚地看到产品的外观、大小、用途等，那么如何制作产品视频呢？本节就跟大家分享产品视频的制作剪辑方法。本章使用到的剪辑软件是剪映，它不仅功能强大而且操作简单，非专业用户也能够轻松制作产品视频。

5.1.1 裁剪视频尺寸

产品视频对于尺寸有一定的要求，如主图视频的尺寸通常为1:1，下面介绍裁剪视频尺寸的具体操作方法。

步骤 01 打开剪映电脑端软件，在主界面上单击"开始创作"按钮，如图5-1所示。

步骤 02 进入视频剪辑界面，单击"导入素材"按钮，如图5-2所示。

图 5-1 单击"开始创作"按钮

图 5-2 单击"导入素材"按钮

步骤 03 打开素材所在文件夹，选择相应的视频文件，如图5-3所示。

步骤 04 单击"打开"按钮,将其导入"本地"素材库中,如图5-4所示。

图 5-3 选择相应的视频文件

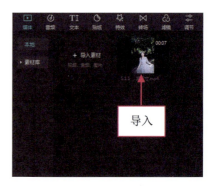

图 5-4 导入视频文件

步骤 05 ❶选择视频文件;❷在右侧的预览窗口中可以播放预览视频效果,如图5-5所示。

图 5-5 预览视频效果

步骤 06 单击视频素材缩略图右下角的添加按钮 ➕,即可将其添加到时间线窗口的视频轨道中,如图5-6所示。

步骤 07 ❶选择视频轨道;❷单击"裁剪"按钮 ✂,如图5-7所示。

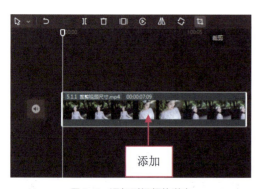

图 5-6 添加到视频轨道中

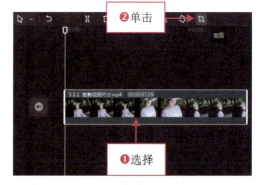

图 5-7 单击"裁剪"按钮

步骤 08 弹出"裁剪"对话框,在"裁剪比例"列表框中选择1∶1选项,如图5-8所示。

步骤 09 执行操作后,即可裁剪画面,单击"确定"按钮,如图5-9所示。

图 5-8 选择 1∶1 选项

图 5-9 单击"确定"按钮

步骤 10 ❶单击"播放器"窗口中的"原始"按钮；❷在弹出的列表框中选择 1∶1 选项，如图 5-10 所示。

步骤 11 执行操作后，即可调整视频的画布尺寸，如图 5-11 所示。

图 5-10 选择 1∶1 选项

图 5-11 调整视频的画布尺寸

步骤 12 单击播放按钮▶，播放并预览视频效果，如图 5-12 所示。

图 5-12 预览视频效果

> **温馨提示**
>
> "播放器"窗口左下角的时间,表示当前时长和视频的总时长。单击右下角的按钮,可全屏预览视频效果。单击"播放"按钮,即可播放视频。运营者在进行视频编辑操作后,可以单击"撤回"按钮,即可撤销上一步的操作。

5.1.2 剪辑视频素材

运营者拍好视频素材后,可以使用剪映的"分割"和"删除"等功能,将多余的画面剪切掉。下面介绍剪辑视频素材的具体操作方法。

步骤 01 在剪映中导入1个视频素材,将其添加到视频轨道,如图5-13所示。

步骤 02 ❶拖曳时间轴至相应位置;❷单击"分割"按钮,如图5-14所示。

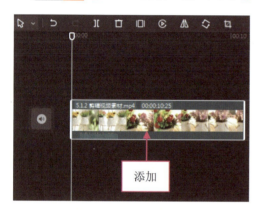

图 5-13 添加到视频轨道　　　　图 5-14 单击"分割"按钮

步骤 03 执行上述操作后,即可分割视频,选择分割出来的后半段视频,如图5-15所示。

步骤 04 单击"删除"按钮,即可删除多余的视频片段,如图5-16所示。

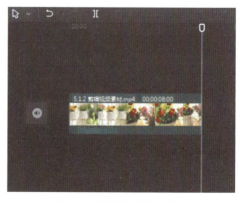

图 5-15 选择分割出来的后半段视频　　　　图 5-16 删除多余的视频片段

> **温馨提示**
>
> 使用剪映的"镜像"功能，可以对视频画面进行水平镜像翻转操作，主要用于纠正画面视角或打造多屏播放效果。

步骤 05 单击播放按钮，播放并预览视频效果，如图5-17所示。

图 5-17 预览视频效果

5.1.3 替换视频素材

使用"替换片段"功能，能够快速替换掉视频轨道中不合适的视频素材。下面介绍替换视频素材的具体操作方法。

步骤 01 在剪映中导入2个视频素材，将其添加到视频轨道，如图5-18所示。

步骤 02 选择要替换的视频片段，❶单击鼠标右键；❷在弹出的快捷菜单中选择"替换片段"选项，如图5-19所示。

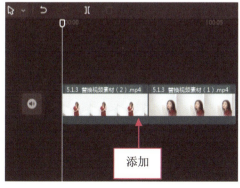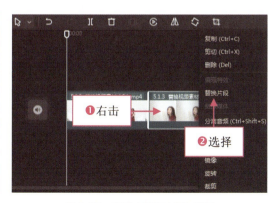

图 5-18 添加到视频轨道　　　　图 5-19 选择"替换片段"选项

步骤 03 执行操作后，弹出"请选择媒体资源"对话框，选择合适的视频素材，如图 5-20 所示。

步骤 04 单击"打开"按钮，弹出"替换"对话框，单击"替换片段"按钮，即可替换视频轨道中的素材，如图 5-21 所示。

图 5-20 选择合适的视频素材　　　　图 5-21 单击"替换片段"按钮

步骤 05 单击播放按钮▶，播放并预览视频效果，如图 5-22 所示。

图 5-22 预览视频效果

5.1.4 视频变速处理

"变速"功能能够改变视频的播放速度，让画面更具动感，同时还可以模拟出"蒙太奇"的镜头效果。下面介绍视频变速处理的具体操作方法。

步骤 01 在剪映中导入 1 个视频素材，将其添加到视频轨道，如图 5-23 所示。

步骤 02 在操作区中单击"变速"按钮，如图 5-24 所示。

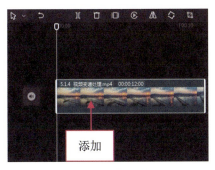
图 5-23 添加到视频轨道

图 5-24 单击"变速"按钮

步骤 03 默认进入"常规变速"选项卡,设置"倍数"为2.0x,即可调整整段视频的播放速度,如图5-25所示。

步骤 04 执行操作后,❶切换至"曲线变速"选项卡;❷选择"蒙太奇"选项,如图5-26所示。

图 5-25 设置"倍数"选项

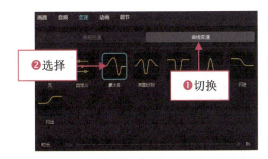
图 5-26 选择"蒙太奇"选项

步骤 05 ❶在下方拖曳时间轴至相应位置;❷单击 + 按钮,如图5-27所示。

步骤 06 添加一个新的变速点,按住变速点并拖曳调整其位置,即可修改变速倍数,如图5-28所示。

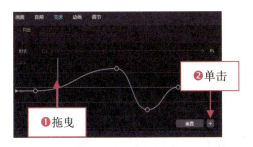
图 5-27 单击相应按钮

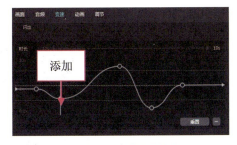
图 5-28 添加新的变速点

步骤 07 单击播放按钮 ▶,播放并预览视频效果,如图5-29所示。

图 5-29　预览视频效果

5.1.5　视频定格处理

"定格"功能能够将视频中的某一帧画面定格并持续3秒，可用于展示产品视频的重点内容。下面介绍视频定格处理的具体操作方法。

步骤 01　在剪映中导入1个视频素材，将其添加到视频轨道，如图5-30所示。

步骤 02　❶拖曳时间轴至视频结尾处；❷单击"定格"按钮，如图5-31所示。

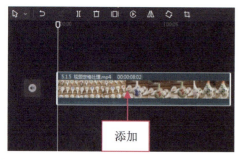 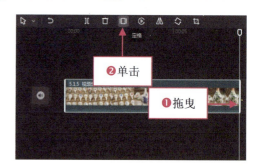

图 5-30　添加到视频轨道　　　　　　　图 5-31　单击"定格"按钮

步骤 03　执行操作后，即可自动分割出所选的定格画面，该片段将持续3s，如图5-32所示。

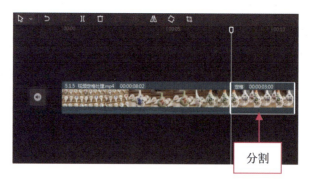

图 5-32　自动分割出所选的定格画面

步骤 04　单击播放按钮，播放并预览视频效果，如图5-33所示。

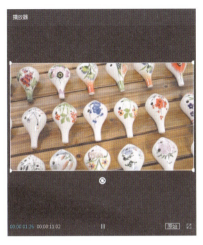 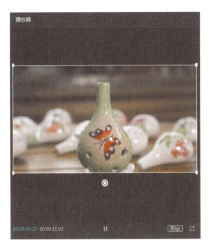

图 5-33　预览视频效果

5.1.6　人物磨皮瘦脸

使用"磨皮"和"瘦脸"功能可以美化人物的皮肤和脸型，让皮肤变得更加细腻，脸蛋也变得更娇小。下面介绍人物磨皮瘦脸处理的具体操作方法。

步骤 01　在剪映中导入1个视频素材，将其添加到视频轨道，如图5-34所示。

步骤 02　选择视频轨道，预览原视频效果，如图5-35所示。

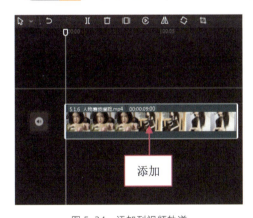 

图 5-34　添加到视频轨道　　　　　　图 5-35　预览视频素材

步骤 03　在操作区的"基础"选项卡中，设置"磨皮"为50、"瘦脸"为80，如图5-36所示。

步骤 04　执行操作后，即可改变人物脸部效果，如图5-37所示。

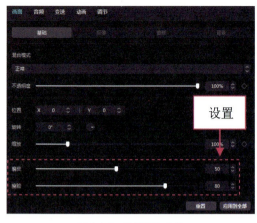

图 5-36 设置相应参数

图 5-37 改变人物脸部效果

步骤 05 单击播放按钮▶，播放并预览视频效果，如图5-38所示。

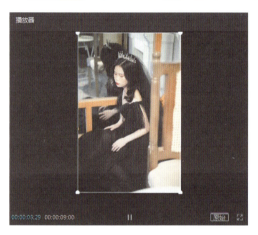

图 5-38 预览视频效果

5.2 处理视频音频

音频是产品视频中非常重要的元素，选择好的背景音乐或语音旁白，能够增强视频的吸引力，同时还可以通过语音对产品进行介绍，将产品卖点更好地传递给消费者。本节主要介绍产品视频的音频处理技巧。

5.2.1 添加背景音乐

剪映具有非常丰富的背景音乐曲库，而且还进行了十分细致的分类，运营者可以根据自己的产品视频内容或主题来快速添加合适的背景音乐。本书中部分效果文件为了增强观赏性，最后都添加了背景音乐，读者可以根据本节的操作方法进行添加。下面介绍添加背景音乐的具体操作方法。

步骤 01 在剪映中导入1个视频素材，将其添加到视频轨道，如图5-39所示。

步骤 02 在功能区中单击"音频"按钮，如图5-40所示。

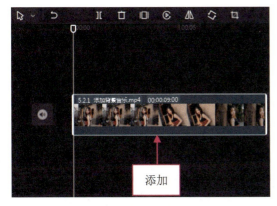

图5-39 添加到视频轨道

图5-40 单击"音频"按钮

> **温馨提示**
>
> 运营者如果听到喜欢的音乐，也可以单击☆图标，将其收藏起来，待下次剪辑视频时可以在"收藏"列表中快速选择该背景音乐。除了收藏抖音的背景音乐外，运营者也可以在抖音中直接复制一些热门BGM的链接，接着在剪映中下载，这样就无须收藏了。

步骤 03 执行操作后，❶切换至"动感"选项卡；❷选择一首合适的背景音乐，如图5-41所示。

步骤 04 单击所选音乐右下角的添加按钮⊕，如图5-42所示。

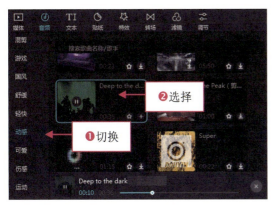

图5-41 选择合适的背景音乐

图5-42 单击"添加"按钮

步骤 05 ❶拖曳时间轴至视频素材的结束位置；❷单击"分割"按钮，如图5-43所示。

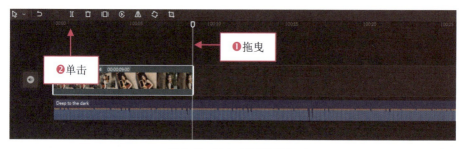

图 5-43 单击"分割"按钮

步骤 06 执行操作后,❶分割音频轨道;❷单击"删除"按钮🗑,删除后半段多余的音频,如图 5-44 所示。

图 5-44 单击"删除"按钮

步骤 07 单击播放按钮▶,播放并预览视频效果,如图 5-45 所示。

图 5-45 预览视频效果

5.2.2 音频剪辑处理

使用剪映可以非常方便地对音频进行剪辑处理,选取其中的高潮部分,让产品视频更能打动人心。下面介绍音频剪辑处理的具体操作方法。

步骤 01 在剪映中导入1个视频素材,将其添加到视频轨道,如图5-46所示。

步骤 02 ❶切换至"音频"功能区;❷单击所选背景音乐右下角的添加按钮➕,如图5-47所示。

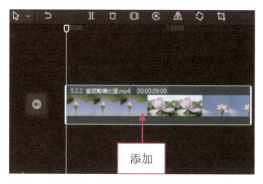

图5-46 添加到视频轨道

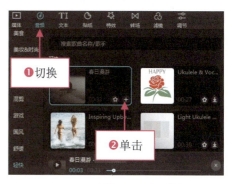

图5-47 单击"添加"按钮

步骤 03 执行操作后,即可添加背景音乐,按住音频轨道左侧的白色拉杆并向右拖曳,如图5-48所示。

图5-48 拖曳左侧的白色拉杆

步骤 04 按住音频轨道并将其拖曳至时间线的起始位置,如图5-49所示。

图5-49 拖曳音频轨道

步骤 05 按住音频轨道右侧的白色拉杆,并向左拖曳至视频轨道的结束位置,如图5-50所示。

图 5-50　拖曳右侧的白色拉杆

步骤 06 单击播放按钮▶，播放并预览视频效果，如图 5-51 所示。

图 5-51　预览视频效果

第 6 章 制作精美特效

如今，消费者的欣赏眼光越来越高，喜欢追求更有创造性的产品。因此，在各种短视频平台上，也经常可以刷到很多非常有创意的特效画面，不仅色彩丰富吸睛，而且画面炫酷神奇，非常受大众的喜爱，轻轻松松就能收获百万点赞。本章将介绍电商产品视频的调色、特效处理和抠图技巧，轻松提高视频画面的视觉效果。

6.1 调节视频画面

在后期对产品视频的色调进行处理时，不仅要突出画面主体，还需要表现出适合主题的艺术气息，实现完美的色调视觉效果。需要注意的是，对于产品主体的后期调色处理幅度不宜过大，要尽量将产品的颜色校准，恢复产品原本的色彩，体现一定的真实性。

6.1.1 调节视频画面的色彩

剪映中常用的色彩处理工具包括"色温""色调""饱和度"，可以解决产品视频的色彩偏色问题，并且准确地给人传达某种情感和思想，让画面富有生机。

下面介绍调节视频画面色彩的具体操作方法。

步骤 01 在剪映中导入 1 个视频素材，将其添加到视频轨道，如图 6-1 所示。

步骤 02 选择视频轨道，预览原视频效果，如图 6-2 所示。

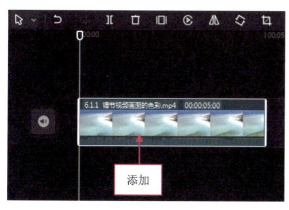

图 6-1 添加到视频轨道

图 6-2 预览原视频效果

步骤 03 ❶在操作区中单击"调节"按钮;❷在"色彩"选项区中设置"色温"为-50、"色调"为50、"饱和度"为6,如图6-3所示。

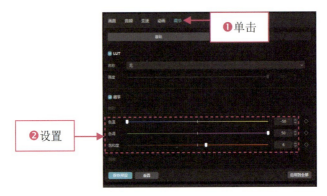

图 6-3 设置相应参数

步骤 04 单击播放按钮▶,播放并预览视频效果,如图6-4所示。

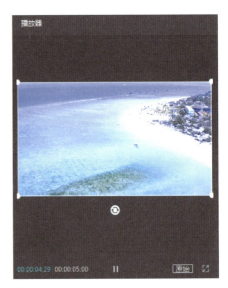

图 6-4 预览视频效果

6.1.2 调节视频画面的明度

剪映中常用的明度处理工具包括"亮度""对比度""高光""阴影""光感",可以帮助运营者解决产品视频的曝光问题,调整画面的光影对比效果,打造出充满魅力的视频画面效果。

下面介绍调节视频画面明度的具体操作方法。

步骤 01 在剪映中导入1个视频素材,将其添加到视频轨道,如图6-5所示。

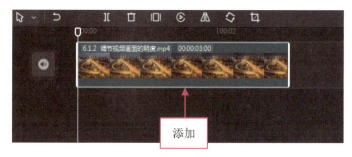

图 6-5 添加到视频轨道

步骤 02 选择视频轨道,预览原视频效果,如图 6-6 所示。

步骤 03 ❶在操作区中单击"调节"按钮;❷在"色彩"选项区中设置"亮度"为 12、"对比度"为 15、"高光"为 16、"光感"为 8,如图 6-7 所示。

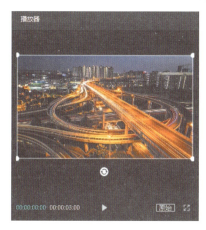

图 6-6 预览原视频效果

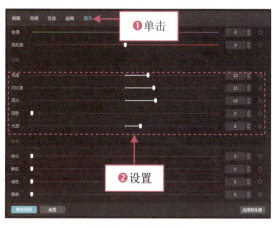

图 6-7 设置相应参数

步骤 04 单击播放按钮▶,播放并预览视频效果,如图 6-8 所示。

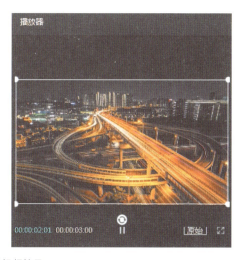

图 6-8 预览视频效果

6.1.3 调节视频画面的清晰度

剪映具有"锐化""颗粒""褪色""暗角"等色彩效果处理功能。其中，使用"锐化"功能可以增强视频画面的色彩清晰度，让拍虚的产品视频变得更清晰。

下面介绍调节视频画面清晰度的具体操作方法。

步骤 01 在剪映中导入1个视频素材，将其添加到视频轨道，如图6-9所示。

步骤 02 选择视频轨道，预览原视频效果，如图6-10所示。

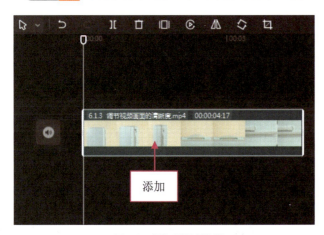

图 6-9 添加到视频轨道　　　　　图 6-10 预览原视频效果

步骤 03 ❶在操作区中单击"调节"按钮；❷在"效果"选项区中设置"锐化"为60，如图6-11所示。

步骤 04 单击播放按钮▶，播放并预览视频效果，如图6-12所示。

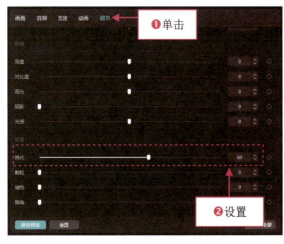 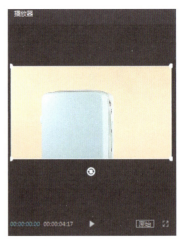

图 6-11 设置相应参数　　　　　图 6-12 预览视频效果

第 6 章 制作精美特效

> **温馨提示**
>
> 对于大场景的视频画面，或者有虚焦的视频，以及因轻微晃动造成拍虚的视频，使用"锐化"功能都可以相对提高清晰度，找回画面的细节。

6.1.4 使用HSL调色工具

绚丽的色彩可以增强产品视频的画面表现力，使画面呈现出动态的美感，在剪映中可以利用HSL调色工具分别对特定颜色的色相、饱和度和亮度进行单独的调整，使得视频画面的色彩更加丰富。

下面介绍使用HSL调色工具的具体操作方法。

步骤 01 在剪映中导入1个视频素材，将其添加到视频轨道，如图6-13所示。

步骤 02 选择视频轨道，预览原视频效果，如图6-14所示。

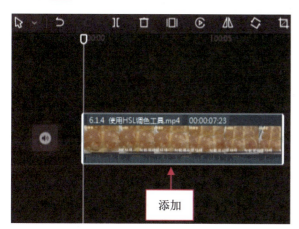

图6-13 添加到视频轨道　　　　图6-14 预览原视频效果

步骤 03 ❶在"调节"操作区中切换至HSL选项卡；❷设置绿色的"色相"为–50、"饱和度"为–68，如图6-15所示。

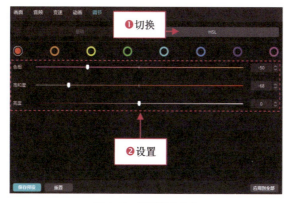

图6-15 设置相应参数

75

步骤 04 单击播放按钮▶，播放并预览视频效果，如图6-16所示。

图 6-16 预览视频效果

6.1.5 给视频添加滤镜效果

剪映拥有丰富的滤镜调色效果，可以快速改变视频画面的色调风格，让画面的色彩更加具有感染力。

下面介绍给视频添加滤镜效果的具体操作方法。

步骤 01 在剪映中导入1个视频素材，将其添加到视频轨道，如图6-17所示。

步骤 02 选择视频轨道，预览原视频效果，如图6-18所示。

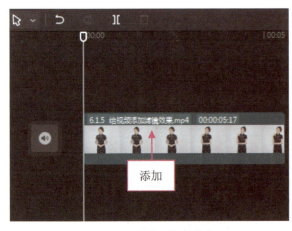 

图 6-17 添加到视频轨道　　　　　图 6-18 预览原视频效果

步骤 03 在"滤镜"功能区的"影视级"选项卡中，单击"青橙"滤镜右下角的添加按

钮 ，如图6-19所示。

步骤 04 调整"青橙"滤镜轨道的时长，使其与视频轨道一致，如图6-20所示。

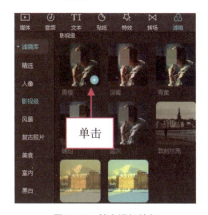

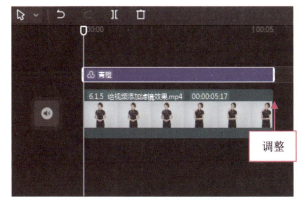

图6-19 单击添加按钮　　　　　　　　图6-20 调整滤镜轨道的时长

步骤 05 单击播放按钮 ，播放并预览视频效果，如图6-21所示。

图6-21 预览视频效果

6.2 添加视频特效

一个火爆的产品视频依靠的不仅仅是拍摄和剪辑，适当地添加一些特效能为视频增添意想不到的效果。本节主要介绍剪映中自带的一些转场、特效、动画和关键帧等功能的使用方法，帮助大家做出各种精彩的产品视频效果。

6.2.1 添加转场效果

多个素材组成的产品视频少不了转场，有特色的转场能为视频增色，还能使镜头的过渡更加自然，如图6-22所示。

图 6-22 转场效果展示

下面介绍给视频添加转场效果的具体操作方法。

步骤 01 在剪映中导入3个视频素材，分别将素材添加到时间线视频轨道，如图6-23所示。

步骤 02 将时间轴拖曳至前两个视频片段的连接处，如图6-24所示。

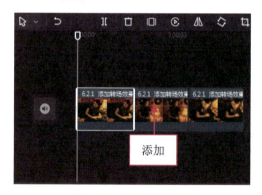
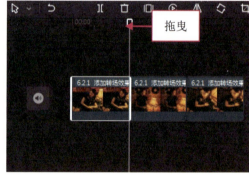

图 6-23 添加到视频轨道　　　　　　图 6-24 拖曳时间轴

步骤 03 ❶单击"转场"按钮；❷切换至"幻灯片"选项卡，如图6-25所示。

步骤 04 选择"百叶窗"转场效果，单击添加按钮➕，如图6-26所示。

步骤 05 执行操作后，即可添加"百叶窗"转场效果，如图6-27所示。

步骤 06 在"转场"操作区中，设置"转场时长"为1s，如图6-28所示。

步骤 07 拖曳时间轴至后两个视频片段的连接处，❶切换至"遮罩转场"选项卡；❷单击"水墨"转场右下角的添加按钮➕，如图6-29所示。

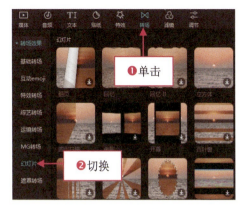

图 6-25　切换至"幻灯片"选项卡

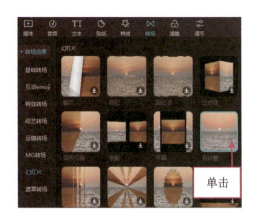

图 6-26　单击添加按钮

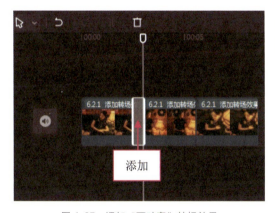

图 6-27　添加"百叶窗"转场效果

图 6-28　设置"转场时长"参数

步骤 08　在视频轨道中选择"水墨"转场效果,在"转场"操作区中,设置"转场时长"为 0.8s,如图 6-30 所示。

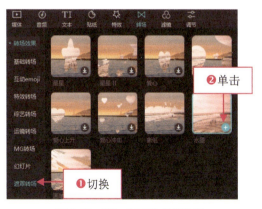

图 6-29　添加"水墨"转场效果

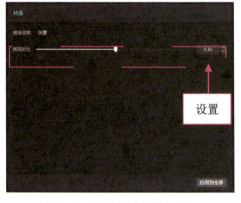

图 6-30　设置"转场时长"参数

步骤 09　拖曳时间轴至开始位置处,单击播放按钮▶,播放并预览视频效果,如图 6-31 所示。

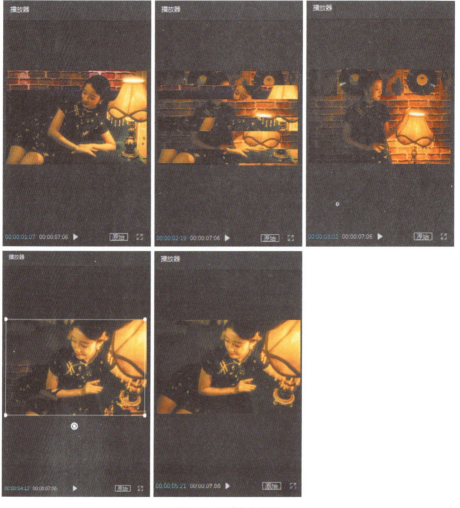

图 6-31 预览视频效果

> **温馨提示**
>
> 转场可以让视频画面具有更好的艺术性和视觉性，能够起到丰富画面和吸引观众的作用。

6.2.2 添加画面特效

在制作产品视频的时候，运营者可以添加一些画面特效，如下雪、下雨、阳光等，这些特效会让视频画面充满立体感，让观众更有代入感，产生身临其境的视觉体验。下面介绍给视频添加画面特效的具体操作方法。

步骤 01 在剪映中导入1个视频素材，将其添加到视频轨道，如图6-32所示。

步骤 02 ❶在"特效"功能区中切换至"氛围"选项卡；❷单击"星火炸开"特效右下角的添加按钮，如图6-33所示。

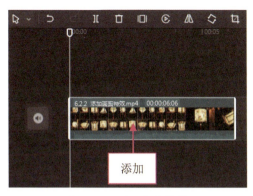

图 6-32 添加到视频轨道

图 6-33 单击添加按钮

步骤 03 执行操作后,即可添加"星火炸开"特效,如图6-34所示。

步骤 04 将时间轴拖曳至"星火炸开"特效的结束位置处,如图6-35所示。

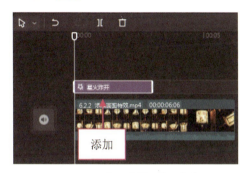

图 6-34 添加"金粉聚拢"特效

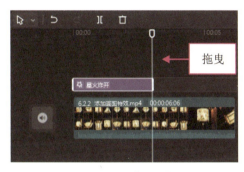

图 6-35 拖曳时间轴

步骤 05 ❶在"特效"功能区中切换至"自然"选项卡;❷单击"落樱"特效右下角的添加按钮➕,如图6-36所示。

步骤 06 适当调整"落樱"特效轨道的时长,使其结束位置与视频轨道结尾处对齐,如图6-37所示。

步骤 07 拖曳时间轴至开始位置处,单击播放按钮▶,播放并预览视频效果,如图6-38所示。

图 6-36 单击添加按钮

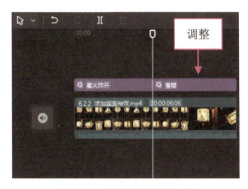

图 6-37 调整特效轨道的时长

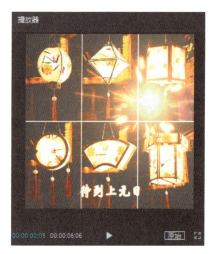 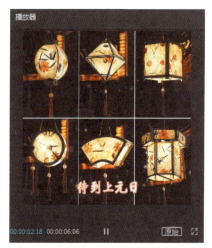
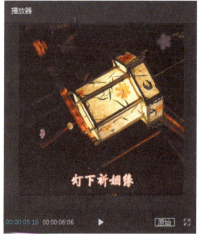 

图 6-38 预览视频效果

6.2.3 添加动画效果

在剪映中给素材添加动画效果后,可以让照片素材动起来,这样产品视频在放映的时候画面会更加生动。

本实例主要运用剪映的"踩点"和"动画"功能,根据音乐的鼓点节奏将多个素材剪辑成一个卡点短视频,同时加上动感的转场动画特效,让观众一看就喜欢。下面介绍给视频添加动画效果的具体操作方法。

步骤 01 在剪映中导入1个视频素材和多张照片素材,分别将其添加到视频轨道,如图6-39所示。

步骤 02 单击"音频"按钮,添加一首卡点背景音乐,如图6-40所示。

图 6-39 添加到视频轨道

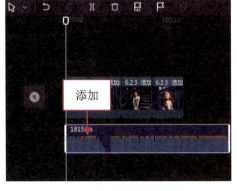

图 6-40 添加卡点背景音乐

步骤 03 ❶选择音频轨道;❷单击"自动踩点"按钮;❸选择"踩节拍Ⅰ"选项,如图 6-41 所示。

步骤 04 执行操作后,即可在音乐上添加黄色的节拍点,如图 6-42 所示。

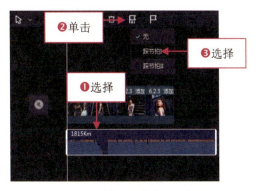

图 6-41 选择"踩节拍Ⅰ"选项

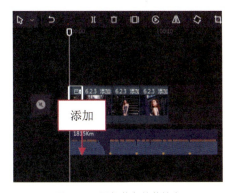

图 6-42 添加黄色的节拍点

步骤 05 调整各照片素材的长度,使其与相应节拍点对齐,如图 6-43 所示。单击音频轨道,删除多余音频。

图 6-43 调整各照片素材的长度

步骤 06 在视频轨道中选择相应的照片素材,如图 6-44 所示。

步骤 07 ❶切换至"动画"操作区;❷在"入场"选项卡中选择"向右甩入"动画效果,如图 6-45 所示。

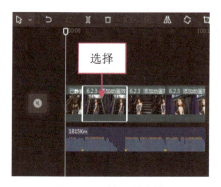
图 6-44 选择照片素材

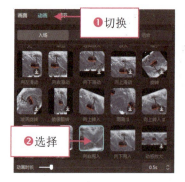
图 6-45 选择"向右甩入"动画效果

步骤 08 执行操作后,即可添加动画效果,照片素材缩略图上会显示一个箭头图标,如图 6-46 所示。

步骤 09 用同样的操作方法,为其他照片素材添加相应的"入场"动画效果,如图 6-47 所示。

图 6-46 添加动画效果

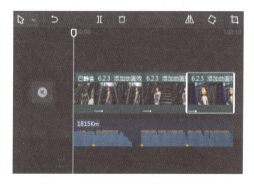
图 6-47 为其他照片素材添加动画效果

步骤 10 拖曳时间轴至开始位置处,单击播放按钮▶,播放并预览视频效果,如图 6-48 所示。

图 6-48 预览视频效果

第3篇 账号运营

做好账号运营
· 吸引精准用户
· 设置账号新意
· 提高账号权重

视频吸粉引流
· 获取平台流量
· 基本引流技巧
· 提升视频流量

打造盈利模式
· 利用广告变现
· 实现内容变现
· 售卖产品变现

第 7 章 做好账号运营

当运营者准备进入短视频平台，开始注册账号之前，首先一定要对自己的账号进行定位，并根据这个定位来策划和拍摄短视频"种草"内容，这样才能快速形成独特、鲜明的人设标签，吸引更多的粉丝关注。

7.1 吸引精准用户

账号定位是指运营者要做一个什么类型的短视频账号，然后通过这个账号获得什么样的消费人群，同时这个账号能为用户提供哪些价值。对于短视频账号来说，需要运营者从多方面去考虑账号定位，不能只单纯地考虑自己，或者只打广告和卖货，而忽略了给用户带来的价值，这样很难运营好账号，也难以得到粉丝的支持。

一般来说，短视频账号定位的核心规则为：一个账号只专注一个垂直细分领域，只定位一类消费人群、只分享一个类型的内容。本节将以抖音盒子账号为例，介绍账号定位的相关方法和技巧，帮助大家做好账号定位。

7.1.1 账号定位的作用

《定位》（Positioning）理论创始人杰克·特劳特（Jack Trout）曾说过："所谓定位，就是令你的企业和产品与众不同，形成核心竞争力；对受众而言，即鲜明地建立品牌。"

其实，简单来说，定位包括以下3个关键问题。

- 你是谁？
- 你要做什么事情？
- 你和别人有什么区别？

对于抖音盒子的账号定位来说，则需要在此基础上对问题进行一些扩展，具体如图7-1所示。

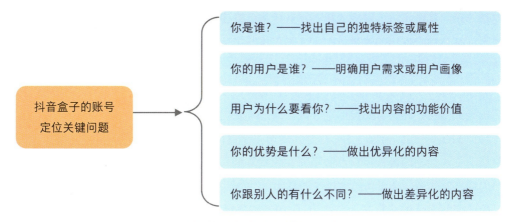

图 7-1　抖音盒子的账号定位关键问题

2021年抖音 GMV（电商交易总额）是2020年的3.2倍，全年购买用户数同比增长69%。这数据的背后，是抖音超过7亿的日活跃用户数量，再加上庞大的内容生态和基于兴趣的推荐逻辑。

抖音平台上不仅有数亿的用户，而且每天更新的视频数量也在百万以上，那么如何让自己发布的内容能被大家看到并让大家喜欢呢？关键在于做好账号定位。账号定位直接决定了账号的涨粉速度和变现难度，同时也决定了账号的内容布局和引流效果。

7.1.2　将账号定位放首位

运营者在准备入驻抖音盒子时，必须将账号定位放到第一位，只有把账号定位做好了，之后的电商运营道路才会走得更加顺畅。图7-2所示为将账号定位放到第一位的5个理由。

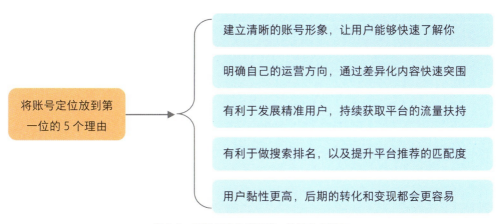

图 7-2　将账号定位放到第一位的5个理由

7.1.3　给自己的账号打上标签

标签指的是抖音盒子平台给运营者的账号进行分类的指标依据，平台会根据运营者发布的内容,来给其账号打上对应的标签,然后将运营者的内容推荐给对这类标签作品感兴趣的消费者。在这种个性化的流量机制下,不仅提升了运营者的创作积极性,而且也增强了用户体验。

例如,某个平台上有100个用户,其中有50个人都对穿搭感兴趣,而还有50个人不喜欢穿搭类的内容。此时,如果你刚好是做穿搭种草内容的账号,却没有做好账号定位,平台没有给你的账号打上"穿搭"这个标签,此时系统会随机将你的内容推荐给平台上的所有人。这种情况下,你的内容被用户点赞和关注的概率就只有50%,而且由于点赞率过低会被系统认为内容不够优质,便不再给你推荐流量。

相反,如果你的账号被平台打上了"穿搭"的标签,此时系统不再随机推荐流量,而是精准推荐给喜欢看穿搭内容的那50个人。这样,你的内容获得的点赞和关注数据就会非常高,从而也会获得系统给予更多的推荐流量,让更多人看到你的作品,并喜欢上你的内容。因此,对于抖音盒子的运营者来说,账号定位非常重要。下面总结了一些账号定位的相关技巧,如图7-3所示。

图7-3 账号定位的相关技巧

> **温馨提示**
> 以抖音平台为例,根据某些专业人士分析得出的一个结论,即某个短视频作品连续获得系统的8次推荐后,该作品就会获得一个新的标签,从而得到更加长久的流量扶持。

只有做好抖音盒子的账号定位,运营者才能在用户心中形成某种特定的印象。例如,提到"一禅小和尚",大家都知道这是个上演着有趣、有温情的故事类账号;而提到"一条小团团OvO",喜欢看游戏直播的人肯定就不陌生了。

7.1.4 账号定位的基本流程

很多人做抖音盒子其实都是一股子热情，看着大家都去做也跟着去做，根本没有考虑过自己做这个平台的目的，到底是为了引流涨粉还是卖货变现。以引流涨粉为例，蹭热点是非常快的涨粉方式，但这样的账号变现能力就会降低。

因此，运营者需要先想清楚自己做抖音盒子的目的是什么，如引流涨粉、推广品牌、打造IP（Intellectual Property，知识产权）、带货变现等。当运营者明确了账号定位的目的后，即可开始做账号定位，基本流程如图7-4所示。

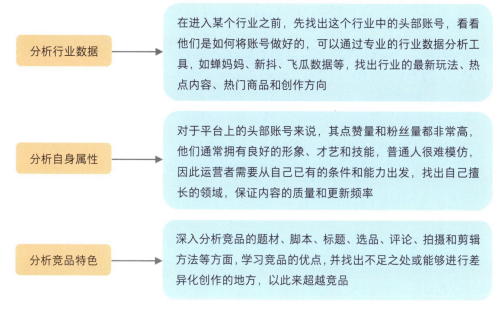

图7-4 账号定位的基本流程

7.1.5 账号定位的基本方法

账号定位就是为账号运营确定一个方向，为内容创作指明方向。那么，运营者到底该如何进行账号定位呢？笔者认为大家可以从以下4个方面出发做账号定位。

1. 根据自身的专长做定位

对于拥有自身专长的运营者来说，根据自身专长做定位是一种最为直接和有效的定位方法。运营者只需对自己或团队成员进行分析，然后选择某个或某几个专长进行账号定位即可。

自身专长包含的范围很广，除了唱歌、跳舞等才艺之外，还包括其他诸多方面，就连游戏玩得出色也是自身的一种专长。

2. 根据用户的需求做定位

通常来说，用户需求的内容会更容易受到欢迎。因此，结合用户的需求和自身专长进行定位也是一种不错的定位方法。

例如，大多数女性都想要变美，但不知道从何下手，因此便会在网上搜索化妆、做造型等视频。在这种情况下，运营者如果对化妆、做造型比较擅长，那么将账号定位为造型、美妆号就比较合适了，这类定位在小红书上比较多。图7-5所示为小红书中定位为美妆、造型师的账号。

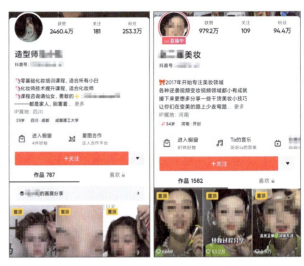

图7-5 小红书中定位为美妆、造型师的账号

3. 根据内容稀缺度做定位

运营者可以从短视频平台中相对稀缺的内容或产品出发，进行账号定位。除了平台上本来就稀缺之外，运营者还可以通过自身的内容展示形式，让自己的内容甚至是账号具有一定的稀缺性。

4. 根据品牌的特色做定位

许多企业和品牌在长期的发展过程中可能已经形成了自身的特色，此时如果根据这些特色进行定位，通常会比较容易获得用户的认同。

根据品牌特色做定位又可以细分为两种方法：一是以能够代表企业的形象做账号定位；二是以企业或品牌的业务范围做账号定位。

7.1.6 账号的5维定位法

不是每个人都是"大V"，但不想成为"大V"的运营者不是一个好的运营者。定位的意义和重要性尽人皆知，而且由于短视频平台对内容质量要求较高，所以运营者在这些方面都要下苦功。下面介绍账号的5维定位法，帮助大家找到正确的账号运营方向。

1. 行业定位

前面已经介绍了账号定位的核心秘诀，即"一个账号只专注一个行业（方向定位）"，不能今天发饰品、明天发美妆、后天发衣服。运营者在布局短视频的账号时，应重点布局3类账号：行业号（奠定行业地位）、专家号（奠定专家地位）、企业号（奠定企业地位）。

账号行业定位做好之后，接着就是通过领域细分做深度内容了。例如，服装行业包含的领域比较多，如各种服装和鞋子产品，这个时候运营者就可以通过领域细分从某方面进行重点突破。如图7-6所示，该运营者将账号定位为"口红试色"，分享的都是口红试色相关内容的视频。

图 7-6　细分行业定位示例

2. 内容定位

目前，各大视频平台的主要内容载体包括图文、直播和短视频，其中用户付费意愿最高的是直播内容，而图文类内容的比重也在不断增大。

不管借用哪种内容载体，都必须围绕产品本身的市场定位、卖点，产品主要能解决什么样的消费者的什么需求与痛点来进行。运营者可以结合账号的内容定位将所有载体元素组合起来，逐步解除消费者的疑虑，增加他们的付费意愿。

在运营短视频账号时，如果自己能够生产出足够优质的内容，也可以快速吸引到用户的目光。运营者可以通过为用户持续性地生产高价值的内容，从而在用户心中建立权威，加强他们对于运营者账号的信任和忠诚度。运营者在自己生产内容时，可以运用以下技巧，轻松打造出持续性的优质内容，如图7-7所示。

图 7-7　自己生产内容的技巧

3. 产品定位

大部分运营者之所以要做短视频，就是希望能够借此实现卖货变现，获得一定的收益。而产品销售又是许多短视频平台的主要变现方式。因此选择合适的变现产品，进行产品的定位就显得尤为重要了。

对于广大运营者而言，要将自己的产品打造成爆款，首先要做的事情是选择自己要打造的产品。找准自己要打造的产品，这样才能以最正确的方式开启自己的爆款产品变现之路。

运营者在选择自己的爆款产品之前，首先要明白爆款产品必须承载的几个特质。只有明白了这几个特质，运营者才能找到最合适自己的产品，也才能成功地将其打造成爆款产品。

（1）产品的竞争力强大。

在选择哪种产品可以打造成爆款的时候，需要选择那些在市场上、在同一领域里具有强竞争力的产品。所谓的强竞争力，就是指放眼同类市场中，只有少部分甚至没有可以与之抗衡的产品存在。这类产品的强竞争力，可以在受众人群、创意、作用、功能及功效对比等各个方面上突出。

图7-8所示，是一个DIY纸雕日历的种草视频，运营者通过展现产品的创意用途突出了自家产品的优势。

（2）产品的利润非常可观。

有可观的利润是指运营者在选择

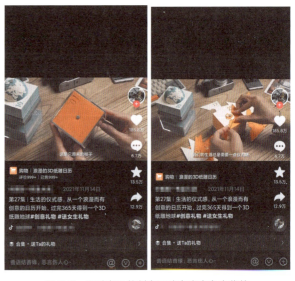

图 7-8 通过产品的创意用途突出竞争力优势

要打造的爆款产品的时候，必须确定产品是能够为自己带来一定利润的。这样才能够在产品进入市场以后，有很多的消费者愿意为产品付费买单，同时也才能够保证产品成为爆款之后，不会使运营者亏损，让他失去继续运营的动力。

同时，产品有客观的利润，也才能确保运营者或相关企业有足够周转的资金，继续进行产品的开发、改进和推广，推动产品持续曝光，成为爆款产品。

（3）产品符合流行趋势。

以抖音盒子为例，上面的产品需要符合流行趋势，因为在平台定位的大背景下，这样才能够更加符合人们的需求，也更加容易成为爆款。

从抖音盒子目前的核心产品品类和用户群体来看，时尚类产品是第一品类，美妆类产品是第二大品，如图7-9所示，其他品类的内容和产品少之又少。同时，这两大品类也是抖音电商的优势类目,通过抖音盒子将时尚潮流元素放大,落到产品定位上,就意味着最新的潮流产品最容易成为爆款。

图 7-9　时尚类和美妆类产品是抖音盒子目前的核心产品品类

(4)产品满足消费者需求。

消费者需求,决定了一款产品的销售量。消费者需求越强烈,产品的销售量才会越高。因此,运营者首先要清楚自己的目标客户渴望的是什么,这样才能够找到满足消费者渴望的产品。

4.用户定位

运营者在打造自己的账号定位之前,还需找到自己的目标客户群,也就是找到自己的精准消费者。因此用户定位是必不可少的一步,为相应产品带货之前,运营者要清楚地了解自己产品的消费者是谁。不仅如此,运营者最好还能生动形象地描述出消费者的各种特性及其喜欢的生活状态。

那么,应该如何找准目标用户呢?方法有两种,一种是根据年龄来分段,另一种是按照兴趣爱好来划分,下面依次进行介绍。

(1)根据年龄分段。

电商属于一种新的商业模式,也需要进行营销,营销与人密不可分,研究营销之前一定要先了解人。因此,账号定位也少不了对消费者心理的掌控。根据用户年龄来分段的要点,如图7-10所示。

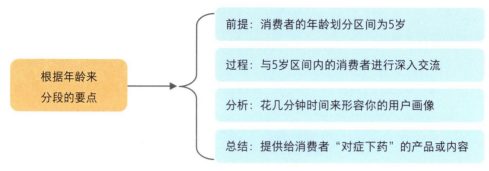

图 7-10 根据年龄分段的要点

以抖音盒子为例，在做账号定位时，同其他商业模式一样，也需要为不同类型的消费者提供相对应的产品或内容。如果不这么做，就很难找准用户。因此，要学会根据年龄分段去进行用户定位，而不是盲目地打造账号。例如，年轻淑女装产品针对的肯定是女性用户，包括20到25岁年龄层的女性服装，以年轻的女性上班族为主要用户对象，如果拿去卖给中年妇女，她们很难对你的产品产生兴趣。

（2）按照兴趣爱好划分。

除了年龄外，还可以根据兴趣爱好来划分消费者群体。俗话说"物以类聚，人以群分"，按照兴趣爱好划分消费人群可以有效打破年龄的限制，让不同年龄的人对同一种产品产生兴趣。

相同类型的人的喜爱事物，是建立在共同的兴趣爱好上的，这与年龄阶段的关系不大。而我们需要明确的是，打造成功的账号定位就需要抓住消费者的特点，从而找准目标用户。

无论选择哪个账号定位方向，都应该对消费者进行目标锁定，可以按照年龄阶段划分，也可以根据兴趣爱好区别，总之要找准目标用户。这样的话，我们就可以顺利地找到他们的消费需求，从而更好地进行营销。

学会在平台后台或数据服务平台上查看数据并分析用户行为，对运营者的账号定位来说，都能够提供很好的方向，同时还能够获得精准的用户画像。对于个人IP定位来说，运营者首先要做的应该是了解平台针对的是哪些人群，他们具有什么特性等问题。关于用户的特性，一般可细分为属性特性和行为特性两大类，具体分析如图7-11所示。

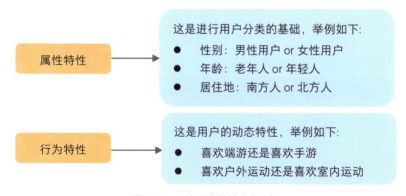

图 7-11 平台用户特性分类分析

在了解了用户特性的基础上,接下来要做的是怎样进行用户定位。在用户定位的全过程中,一般包括以下3个步骤。

(1)数据收集。运营者可以通过一些平台后台提供的数据分析功能来分析用户属性和行为特征,包括年龄段、性别、收入和地域等,从而大致了解自己的用户群体的基本属性特征,如图7-12所示。

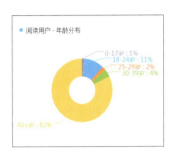

图 7-12　用户属性分析示例

(2)用户标签。在获得相关的用户基本数据后,再根据这些数据来分析用户的喜好,给每一个用户打上标签并进行分类,洞析用户需求,如图7-13所示。

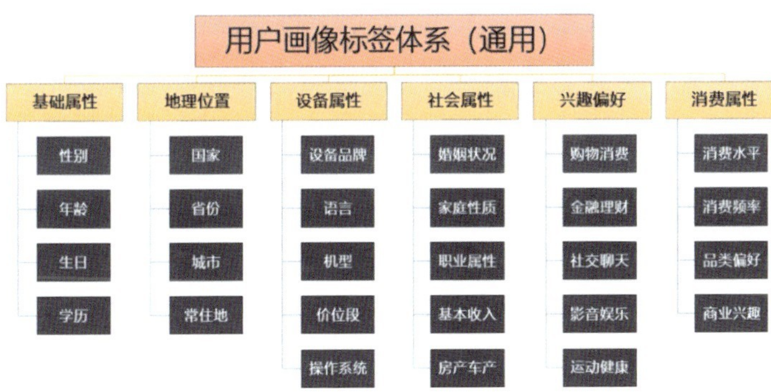

图 7-13　用户标签示例

(3)用户画像。利用上述内容中的用户属性标签,从中抽取典型特征,完成用户的虚拟画像,构成平台用户的各类角色,以便进行用户细分。接下来运营者就可以在内容中更多地合理植入用户偏好的关键词,以便让内容更多地被用户搜索和关注,从而促进个人账号的发展和壮大。

5. IP定位

百度百科对于IP的解释为"权利人对其智力劳动所创作的成果和经营活动中的标记、信誉所依法享有的专有权利"。

如今,IP常常用来指代那些有人气的东西,包括现实人物、书籍动漫、影视作品、虚拟人物、游戏、景点、综艺节目、艺术品、体育等,IP可以用来指代一切火爆的元素。图7-14所示为IP的主要特点。

图 7-14 IP 的主要特点

在短视频平台上,个人 IP 就是基于账号定位来形成的,而超级 IP 不仅有明确的账号定位,而且还能够跨界发展,同时超级 IP 账号都有非常明显的个人标签,这些标签就是他们的 IP 特点,能够让他们的内容风格更加明确和统一,让他们的人物形象深深印在粉丝的脑海中。

对于普通人来说,在这个新媒体时代,要变成超级 IP 并不难,关键是该如何去做。下面总结了一些打造 IP 的方法和技巧,如图 7-15 所示。

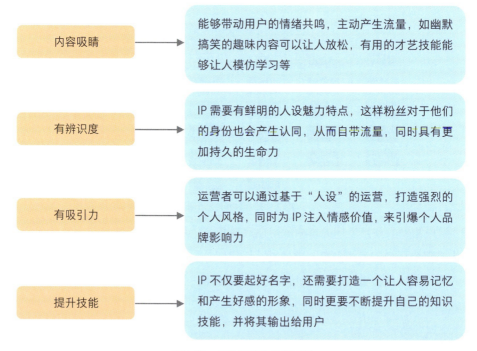

图 7-15 打造 IP 的方法和技巧

7.1.7 账号优化技巧

不同的平台有着不同的机制,因此不同的平台,优化技巧不同。例如,在抖音盒子平台中，有双重审核机制，如果运营者的账号被算法系统判定为营销号，则会直接被限流或封号。即使运营者新注册的账号没有打过广告，如果前期没有任何操作，平台无法知晓账号的所属领域，也就无法给账号打标签，那么算法系统同样也不会给太多的推荐。

因此，运营者在新注册抖音盒子账号后，要把"养号"放在第一位，首先要完善账号信息，然后要模拟正常用户的使用习惯，如点击、订阅、收藏、加购、搜索、浏览和分享等操作行为。

经过3~7天的"养号"操作后，即可开始发视频，并坚持每天更新视频，保持账号活跃度。只要运营者更新的内容优质且不违规，就更容易让系统检测出你的账号属于优质的活跃账号，账号权重自然比较高。

下面介绍一些提升账号权重的相关优化技巧。

（1）完善账号信息。账号信息能够体现出强烈的个人风格，有助于打造自己的人设，如账号名字简洁易懂，与账号定位相符合；个人简介能够描述账号定位，同时可以引导用户关注。

（2）进行官方认证。在抖音平台上，运营者可以申请抖音官方认证，如职业认证、优质创作者认证、企业认证、机构认证、电商优质作者认证等，而职业认证和优质创作者认证需要选择认证领域，如图7-16所示，这样也有助于平台获知运营者的真实身份，从而为视频带来更多的推荐量。

图7-16 抖音官方认证方式

（3）提升数据指标。内容发布并通过审核后会进入冷启动推荐环节，此时完播率、点赞量、评论量、转发量等关键指标数据就非常重要了，这是平台评判内容优劣度的依据。

因此，运营者需要利用自己所有的资源去提升这些指标数据，让视频获得更多推荐。例如，在视频的标题文案中添加了"#一定要看到最后"的话题，就是为了引导用户看完视频，提升完播率指标数据。

7.2 设置账号新意

各大短视频平台上的运营者何其多,那么,如何让自己的账号从众多同类账号中脱颖而出呢?其中一种方法就是通过账号信息的设置,做好平台的基础搭建工作,并打上独特的个人标签。本节以抖音为例,为大家介绍设置账号新意的相关内容。

7.2.1 设置账号名字

抖音的账号名字需要有自己的特点,而且最好和账号定位相关,基本原则如图7-17所示。

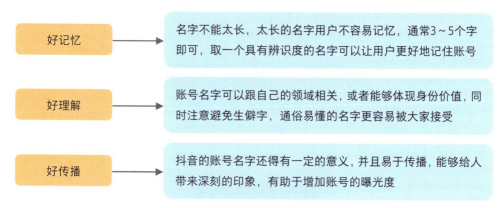

图 7-17 设置抖音的账号名字的基本原则

修改抖音的账号名字也非常方便,具体操作步骤如下。

步骤 01 进入抖音首页,点击"我"按钮,如图7-18所示。

步骤 02 进入个人主页,点击账号名称,如图7-19所示。

图 7-18 点击"我"按钮

图 7-19 点击账号名称

步骤 03 进入"编辑资料"界面,选择"名字"选项,如图7-20所示。

步骤 04 进入"修改名字"界面,❶在文本框中输入新的名字;❷点击"保存"按钮即可,如图7-21所示。

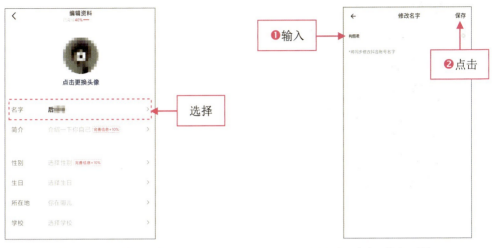

图 7-20 选择"名字"选项　　　　　图 7-21 点击"保存"按钮

温馨提示

抖音的账号名字也可以体现运营者的人设感,即看见名字就能联系到人设。人设是指人物设定,包括姓名、年龄等人物的基本设定,以及企业、职位等背景设定。

7.2.2 设置账号头像

抖音的账号头像也需要有特点,必须展现自己最美的一面,或者展现企业的良好形象。下面介绍设置账号头像的操作方法。

步骤 01 进入抖音首页,选择"我"选项,如图7-22所示。

步骤 02 点击个人主页中的头像,如图7-23所示。

温馨提示

注意,领域不同,头像的侧重点也就不同。同时,好的账号头像辨识度更高,能让用户更容易记住你的账号。在设置账号头像时有一些基本技巧,具体如下。

(1)账号头像一定要清晰。

(2)个人账号一般使用运营者肖像作为头像。

(3)店铺账号可以使用主营产品作为头像,或者使用公司的名称、图标等标志作为头像。

图 7-22 选择"我"选项

图 7-23 点击头像

步骤 03 执行操作后，进入头像放大界面并弹出相应菜单，选择"更换头像"选项，如图 7-24 所示。

步骤 04 进入"所有照片"界面，从相册中选择一张需要作为头像的图片，如图 7-25 所示，即可更换账号头像。

图 7-24 选择"更换头像"选项

图 7-25 选择需要作为头像的图片

另外，运营者也可以在"编辑资料"界面中，点击账号头像中的"更换头像" 图标，如图 7-26 所示。同样也可以弹出相应的操作菜单，这时运营者可以选择"拍一张"或"从相册选择"两种方式，如图 7-27 所示。

图 7-26　点击相应图标

图 7-27　弹出更换头像的操作菜单

7.2.3　设置账号简介

运营者可以进入"编辑资料"界面,选择"简介"选项进入"修改简介"界面,在此即可输入新的简介内容,如图 7-28 所示。

短视频的账号简介通常简单明了,主要原则是"描述账号+引导关注",明确告诉用户自己的领域或范畴。运营者还可以在简介中巧妙地推荐其他账号,如图 7-29 所示。

图 7-28　输入新的简介内容

图 7-29　账号简介示例

> 温馨提示
>
> 注意,账号简介的内容要简明,告诉用户你的账号是做什么的,只需要提取一两个重点内容放在里面即可,同时注意不要有生僻字。

7.3 提高账号权重

在一些平台上，发布视频的主要人群还是普通的运营者，优质的内容是获得平台推荐最为重要的因素，只有吸引人的内容，才能让人有观看、点赞和评论的欲望。在短视频平台上吸粉和变现是个漫长的过程。因此运营者要循序渐进地发布一些高质量的视频，并学会维持和粉丝的亲密度。

有了优质的内容后，运营者还需要掌握一定的运营技巧，让自己发布的内容能够获得平台推荐，被更多的用户看到。本节重点挑选了4个可以帮助运营者提升账号推荐权重的维度，分别为垂直度、活跃度、健康度和互动度。

7.3.1 垂直度

什么叫垂直度？通俗来说，就是运营者发布的内容符合自己的目标群体定位，这就是垂直度。例如，运营者是一个化妆品商家，想要吸引对化妆感兴趣的女性人群，此时就拍摄了大量的化妆教程视频，这样的内容垂直度就比较高了。

如图7-30所示，从这个运营者的名字可以看到其账号定位为"教盘发"的账号，发布的内容都是用簪子盘发的视频，因此内容的垂直度非常高。

 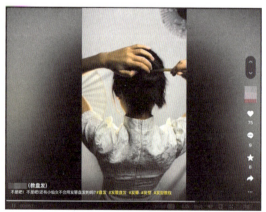

图7-30 垂直度高的账号示例

目前，抖音盒子和抖音都是采用推荐算法的短视频平台，会根据运营者的内容标签来给其推荐精准的流量。例如，运营者发布了一个旅游类的视频，平台在推荐这个视频后，很多用户都给他的视频点赞和评论了。对于这些有大量用户互动的内容，此时平台就会为其贴上旅游类的标签，同时将运营者的视频推送给更多旅游爱好者观看。但是，如果运营者之后再发布一个搞笑类的视频，则由于内容垂直度很低，与推荐的流量属性匹配不上，自然点赞和评论数量也会非常低。

推荐算法的机制就是用标签来精准匹配内容和流量，这样每个用户都能看到自己喜欢的内容，每个运营者都能得到粉丝关注，平台也才能长久地保持活跃。要想提升账号的垂直度，运营者可以从以下几个方面入手。

（1）塑造形象标签。形象标签可以从账号名字、头像、个人简介等方面下功夫，让大家一看到账号名字和头像就知道你是干吗的。因此，运营者在设置这些基本账号信息时，一定要根据自己的内容定位来选择，这样才能吸引到更多精准的流量。

（2）打造账号标签。有了明确的账号定位后，运营者可以去同领域大号的评论区引流，也可以找一些同行业的大号进行互推，增加内容的关注量和点赞量，培养账号标签，获得更多精准粉丝。

（3）打造内容标签。运营者在发布内容时，要做到风格和内容的统一，不要随意切换领域，尤其是前面的视频内容，一定要根据自己的账号标签来发布内容，让账号标签和内容标签相匹配，这样账号的垂直度就会更高。

7.3.2 活跃度

日活跃用户是所有短视频平台和电商平台的一个重要运营指标，每个平台都在努力提升自己的日活跃用户数据。

日活跃用户是各个平台竞争的关键要素。因此运营者必须持续输出优质的内容，帮助平台提升日活跃用户数据，这样平台也会给这些优质运营者更多的流量扶持。例如，抖音盒子为了帮助第一批入驻的运营者更好地创作内容，开启了"内容创作指引"活动，运营者可以同步抖音内容来获得双重曝光，如图7-31所示。

运营者在抖音盒子平台上新发布的种草视频，将有机会获得平台的定向流量加热。种草视频是指通过展示商品外观、展示商品功效、表达使用主观感受、提供商品客观评测等内容，使用户对视频中的商品产生购买意愿，

图 7-31 "内容创作指引"活动

做出购买决策。优质的种草视频具有以下4个特点，如图7-32所示。

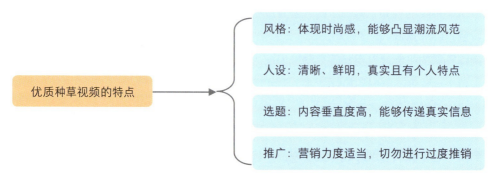

图 7-32 优质种草视频的特点

7.3.3 健康度

健康度主要体现在用户对运营者发布的内容的爱好程度，其中完播率就是最能体现账号健康度的数据指标。内容的完播率越高，就说明用户对视频的满意度越高，那么该运营者的账号健康度也就越高。

因此，运营者需要努力打造自己的人设魅力，提升视频内容的吸引力，保证优良的画质效果，同时还需要在内容剧本和标题文案的创意上下功夫。例如，运营者可以截取一些精彩的封面图片，这样用户会更有点击的欲望，如图7-33所示。

以抖音盒子为例，运营者可以在视频"发布"界面点击"修改封面"按钮，然后在视频轨道中选择相应的视频帧作为封面图，点击"保存"按钮即可修改封面。

 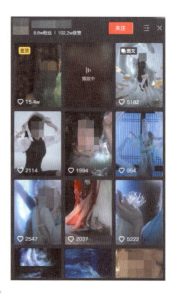

图 7-33 选择封面

7.3.4 互动度

互动度显而易见就是指用户的点赞、评论、订阅和转发等互动行为。因此运营者要积极回复用户的评论，做好粉丝运营，培养强信任关系。

在内容运营中，运营者也应该抓住粉丝们对情感的需求。其实不一定非要是"人间大爱"，任何形式能够打动人心的细节方面的内容，都可能会触动到不同粉丝的心灵。做粉丝运营的最终目标是让用户按照自己的想法，去转发内容，来购买产品，给产品好评，并分享给他的朋友，把用户转化为最终的消费者。

例如，运营者可以在视频的标题文案中以疑问句等方式，引导观看的用户点赞、评论和转发。另外，在视频刚发布时，可能看到用户不是很多，也不会有太多的用户评论。如果运营者进行自我评论，也能从一定程度上起到引导用户评论的作用。

第 8 章 视频吸粉引流

对于做短视频的人来说，流量是运营者的核心竞争力，引流成为短视频运营中的关键环节，运营者需要通过社交转化获取更多流量，才能让自己的短视频内容被更多人看到和关注，也才能让自己成为拥有百万粉丝的视频博主。

8.1 获取平台流量

要想成为短视频平台上的"头部大V"，运营者首先要想办法给自己的账号或内容注入流量，让作品火爆起来，这是成为达人的一条捷径。如果运营者没有那种一夜爆火的好运气，则需要一步步脚踏实地地做好自己的视频内容。

当然，其中也有很多运营技巧，能够帮助运营者提升短视频的流量和账号的关注量，而理解平台的算法机制就是不容忽视的重要技巧。目前，大部分的短视频平台都是采用去中心化的流量分配逻辑，本节将以抖音平台为例，介绍短视频的推荐算法机制，让你的短视频获得更多平台流量，轻松上热门。

8.1.1 算法机制内涵

简单来说，算法机制就像是一套评判规则，这个规则作用于平台上的所有用户（包括运营者和观众），用户在平台上的所有行为都会被系统记录，同时系统会根据这些行为来判断用户的性质，将用户分为优质用户、流失用户、潜在用户等类型。

例如，某个运营者在平台上发布了一个短视频，此时算法机制就会考量这个短视频的各项数据指标，来判断短视频内容的优劣。如果算法机制判断该短视频为优质内容，则会继续在平台上对其进行推荐，否则就不会再提供流量扶持。

如果运营者想知道抖音平台上当下的流行趋势是什么，平台最喜欢推荐哪种类型的视频，此时，运营者可以注册一个新的抖音账号，然后记录前30条刷到的视频内容，每个视频都完全看完，这样算法机制无法判断运营者的喜好，就会给运营者推荐当前平台上最受欢迎的短视频内容。

因此，运营者可以根据平台的算法机制来调整自己的内容细节，让自己的内容能够最大化地迎合平台的算法机制，从而获得更多流量。

8.1.2 平台算法机制

抖音通过智能化的算法机制来分析运营者发布的内容和观众的行为，如点赞、停留、评论、转发、关注等，从而了解每个人的兴趣，并给内容和账号打上对应的标签，从而实现彼此的精准匹配。

在这种算法机制下，好的内容能够获得观众的关注，也就是获得精准的流量；而观众则可以看到自己想要看的内容，从而持续在这个平台上停留；同时，平台则获得了更多的高频用户，可以说是"一举三得"。

运营者发布到抖音平台上的短视频内容需要经过层层审核，才能被大众看到，其背后的主要算法逻辑分为3个部分，如图8-1所示。

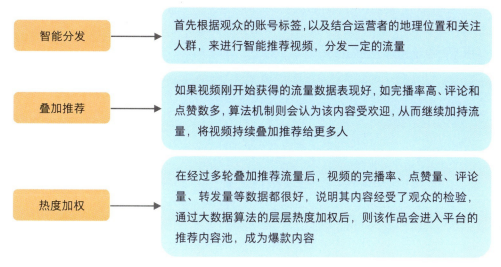

图 8-1 抖音的算法逻辑

8.1.3 流量赛马机制

抖音短视频的算法机制其实是一种流量赛马机制，也可以看成是一个漏斗模型，如图8-2所示。

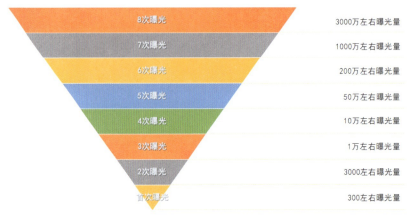

图 8-2　赛马（漏斗）机制

运营者发布内容后，抖音会将同一时间发布的所有视频放到一个池子里，给予一定的基础推荐流量，然后根据这些流量的反馈情况进行数据筛选，选出分数较高的内容，将其放到下一个流量池中，而数据差的内容则系统暂时就不会再推荐了。

也就是说，在抖音平台上，内容的竞争相当于赛马一样，通过算法将差的内容淘汰了。图 8-3 所示为流量赛马机制的相关流程。

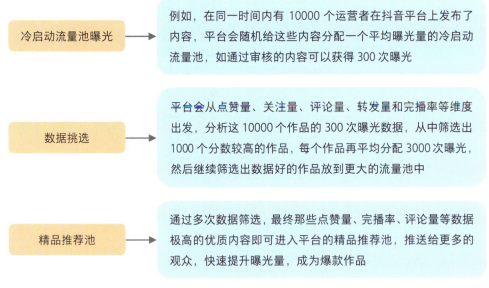

图 8-3　流量赛马机制的相关流程

8.1.4　利用好流量池

在抖音平台上，不管运营者有多少粉丝，内容质量是否优质，每个人发布的内容都会进入一个流量池。当然，运营者的内容能否进入下一个流量池，取决于内容在上一个流量池中的表现。

总的来说，抖音的流量池可以分为低级、中级和高级3类，平台会依据运营者的账号权重和内容的受欢迎程度来分配流量池。也就是说，账号权重越高，发布的内容越受观众欢迎，得到的曝光量也就会越多。

因此，运营者一定要把握住冷启动流量池，要想方设法让自己的内容在这个流量池中获得较好的表现。通常情况下，平台评判内容在流量池中的表现，主要参照点赞量、关注量、评论量、转发量和完播率这几个指标，如图8-4所示。

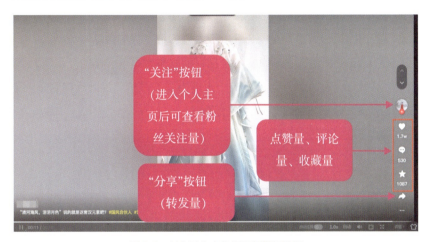

图8-4 抖音平台上的短视频指标数据

运营者发布短视频后，可以通过自己的私域流量或付费流量来增加短视频的点赞量、关注量、评论量、转发量和完播率等指标的数据。

也就是说，运营者的账号能否做起来，这几个指标是关键因素。如果某个运营者连续7天发布的短视频都没有人关注和点赞，甚至很多人看到封面后就直接刷掉了，那么算法系统就会判定该账号为低级号，给予的流量会非常少。

如果某个运营者连续7天发布的视频播放量都维持在200~300之间，则算法系统会判定该账号为最低权重号，同时将其发布的内容分配到低级流量池中。若该账号发布的内容持续30天播放量仍然没有突破，则同样会被系统判定为低级号。

如果某个运营者连续7天发布的视频播放量都超过1000，则算法系统会判定该账号为中级号或高级号，这样的账号发布的内容只要随便蹭个热点就能轻松上热门了。

运营者搞懂了抖音的算法机制后，即可轻松引导平台给账号匹配优质的用户标签，让账号权重更高，从而让内容分配到更多流量。

另外，停留时长也是评判内容是否有上热门潜质的关键指标，观众在某个短视频播放界面的停留时间很长，说明这个短视频能够深深吸引到他。

8.1.5 获得叠加推荐

在抖音平台给予内容提供的第一波流量后，算法机制会根据这波流量的反馈数据来判断内容的优劣，如果判定为优质内容，则会给内容叠加分发多波流量，反之就不会再继续分发流量了。

因此，抖音的算法系统采用的是一种叠加推荐机制。一般情况下，运营者发布作品后的第一个小时内，如果短视频的播放量超过5000次、点赞量超过100个、评论量超过10个，则算法系统会马上进行下一波推荐。图8-5所示为叠加推荐机制的基本流程。

对于算法机制的流量反馈情况来说，各个指标的权重也是不一样的，具体为：播放量（完播率）>点赞量>评论量>转发量。运营者的个人能力是有限的，因此当内容进入更大的流量池后，这些流量反馈指标就很难进行人工干预了。

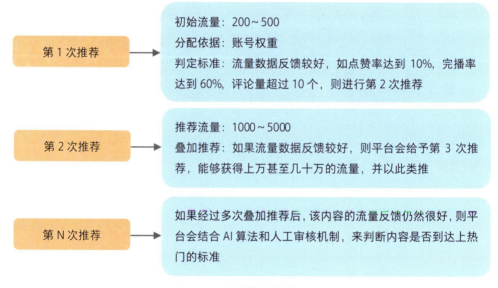

图 8-5　叠加推荐机制的基本流程

> **温馨提示**
>
> 许多人可能会遇到这种情况，就是自己拍摄的原创内容没有火，但是别人翻拍的作品却火了，其中很大的一个原因就是受到账号权重大小的影响。
>
> 关于账号权重，简单来讲，就是账号的优质程度，也就是运营者的账号在平台心目中的位置。权重会影响内容的曝光量，低权重的账号发布的内容很难被观众看见，高权重的账号发布的内容则会更容易被平台推荐。

运营者需要注意的是，千万不要为走捷径而去刷流量反馈数据，平台对于这种违规操作是明令禁止的，并会根据情况的严重程度，相应给予审核不通过、删除违规内容、内容不推荐、后台警示、限制上传视频、永久封禁、报警等处理。

8.2 基本引流技巧

短视频引流方法很重要,只要方法找对了,涨粉效率就可以成倍提升。下面介绍短视频引流的方法。

8.2.1 引出痛点话题

短视频运营者可以在短视频中通过一定的语言技巧引出痛点话题,一方面可以引导用户针对该问题进行讨论,另一方面如果短视频中解决了痛点,那么短视频内容对于有相同痛点的用户就是有用处的。而对于对自己有用处的短视频内容,用户也会更愿意点赞转发。这样一来,短视频的引流能力就会快速获得提升。

如图8-6所示短视频,运营者通过话术引出创意分割海报这个痛点,并针对这个痛点推出了制作技巧的短视频。

 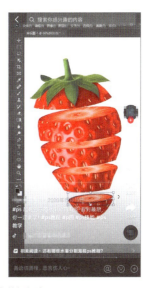

图 8-6 根据痛点话题制作解决痛点的短视频

对于需要进行图片处理、海报制作的人群来说,该视频无疑是解决了他们的一大痛点。对这类用户来说,他们主要有两个痛点,一是不懂怎么分割;二是切面素材。

因此,看到创意水果分割海报的短视频之后,某些人群就会比较感兴趣,甚至会通过短视频评论区进行讨论,提高了该短视频的流量。

8.2.2 引出家常话题

家常就是家庭的日常生活,每个人都有自己的生活,同时大多数人的日常生活又有着相似之处。当短视频运营者将自己的家常展示给用户时,许多用户就会通过短视频评论区一起和你聊家常。

另外,如果短视频运营者在短视频中展示的家常与用户的家常有着相似之处,用户就会觉得感同身受,甚至会因此而与短视频运营者成为好友。

家常包含的范围很广,除了柴米油盐酱醋茶这些生活中的必需品之外,孩子的教育话题也属于家常的一部分。而且因为孩子的教育对于一个家庭来说非常关键,所以与这个话题相关的内容往往能快速吸引用户的关注。

也正是因为如此,部分短视频运营者便将对孩子的教育拍摄成了短视频。图8-7所示为父母指导孩子写作业的短视频。

在这个短视频中,盘点了父母因为辅导孩子而生气的场景,引起许多家长的共鸣。此外,短视频中语言的引导,再加上短视频内容展示,所以许多需要指导孩子写作业的用户看完短视频后都深有感触。似乎只要指导孩子写作业,就能把人气得跳起来。

图8-7 父母指导孩子写作业的短视频

因此,用户会觉得短视频中的父母是同道中人,他们在看到短视频之后,会同短视频运营者交流指导孩子写作业的感受。而随着交流的深入,短视频运营者与用户在不经意间就成为好友。

8.2.3 主动私信用户

私信是许多短视频平台中用于沟通的一种重要工具,当我们需要与他人进行一对一沟通时,便可以借助私信功能来实现。对于短视频运营者来说,私信则是能够表达自身态度的一种沟通方式。当短视频运营者通过一定的语言主动私信用户时,便可以将自身的热情展示给被私信的用户。

在给用户发私信时,短视频运营者可以表达对用户的欢迎,也可以通过一定的语言技巧,引导用户关注短视频账号,甚至可以引导用户添加你的联系方式,或者直接引导他们前往淘宝店铺。

对于用户来说,如果短视频运营者能够主动发送私信,或者及时回答私信中提出的问题,那么,用户就会感受到你的热情。而且如果你在私信内容中进行了适当引导,用户还会主动关注对应的账号,或者是添加对应的联系方式。在这种情况下,短视频运营者引流涨粉的目的自然就轻松达到了。

8.2.4 分享某种技巧

许多用户刷短视频是从短视频中收获快乐。但是，单纯的搞笑视频，在一笑过后也不会再留下什么。因此，部分用户在刷短视频的过程中，希望能从短视频中学到一些对自己有用的知识或技能。

针对这一点，短视频运营者可以根据自身的定位，在短视频中分享与定位相关的知识或技能，并运用相关语言表达技巧进行说明，从而提高短视频的价值量。

如果分享的知识和技能对用户是有用的，那么短视频内容对用户有价值。而有价值的短视频的内容，又最容易获得用户的关注。因此，随着短视频价值量的提高，短视频对于用户的吸引力也会随之而增强。

图 8-8 所示视频，向用户展示了拍摄构图技巧。很显然这就是通过分享技能，提高视频价值量来吸引用户的关注。

图 8-8　展示拍摄构图技巧的视频

8.2.5 植入其他作品

短视频运营者在制作短视频的过程中，可以适当植入其他作品，如展示账号中已发布的短视频。然后通过一定的话术，向用户介绍作品的相关信息。从而引导用户深入了解账号已发布的内容，提高账号中已发布内容的流量。

通常来说，在短视频中植入其他作品主要有两种方式。一种是在短视频中直接提及或展示已发布的短视频，让感兴趣的用户看到短视频之后，主动查看植入作品的完整版。

另一种是借助短视频平台的相关功能，让已发布的作品成为新作品的一部分。例如，在抖音上可以通过合拍，将别人或自己已发布的短视频作为素材植入新的短视频中，如图 8-9 所示。

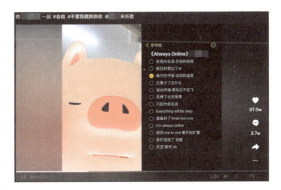

图 8-9　合拍视频

8.2.6 背景音乐引流

某账号运营者是一名歌手，她在抖音上发布了许多音乐作品。图 8-10 所示为其抖音个人主页的"音乐"栏目，可以看到其中便显示了她发布的一些音乐作品。

从以上案例可知，如果短视频运营者本身是一位音乐人，便可以通过首发背景音乐的方式,并结合相应的语言表达吸引用户拍摄同框,从而借助该背景音乐的传播,让更多用户关注你的账号。当然,如果你创作的背景音乐足够优秀,有时候甚至不需要结合语言进行推广,也能获得许多用户的关注。

进入音乐人的主页后,用户点击 ≡ 按钮,便可查看使用该音乐的所有短视频。例如,点击《芊芊》后面的 ≡ 按钮,即可查看所有使用了该音乐的短视频,如图8-11所示。

图8-10 抖音个人主页的"音乐"栏目

图8-11 查看使用了《芊芊》的短视频

点击具体的短视频封面,则可以看到短视频播放界面的下方显示的音乐名称和演唱者,如图8-12所示。

另外,如果短视频运营者不是音乐人,可以选择拍摄同款视频进行引流,可以点击右下角的"拍同款"按钮,如图8-13所示。短视频运营者只需点击该按钮,便可进入短视频拍摄界面,并且此时短视频拍摄界面的上方会显示"芊芊主歌(强)"。

短视频拍摄并发布之后,短视频播放界面则会在"音乐人"一栏,显示"芊芊主歌(强)"歌曲名,如图8-14所示。

 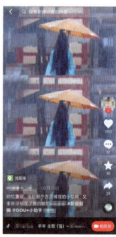

图8-12 查看视频具体信息

图 8-13 点击"拍同款"按钮

图 8-14 显示"芊芊主歌(强)"

用户看到背景音乐显示的内容之后,就知道这个背景音乐是某歌手的歌曲。如果用户对这个歌手或这个背景音乐比较感兴趣,可能就会查看短视频运营者的抖音号及其发布的短视频。这样一来,短视频运营者便可以借助该背景音乐的使用获得一定的流量。

许多短视频平台对于用户创作背景音乐还是比较支持的,这一点从短视频平台中部分功能就可以看得出来。例如,在快手短视频平台中的"拍同款"功能也是直接使用他人短视频中的背景音乐。

8.3 提升视频流量

短视频自媒体已经成为一个发展趋势,影响力越来越大,用户也越来越多。对于短视频这个聚集大量流量的地方,运营者们怎么可能会放弃这个好的流量池。本节主要以抖音短视频平台为例,介绍短视频引流的常用技巧。

8.3.1 提升流量精准性

对于短视频行业来说,流量的重要性显然是不言而喻的,很多运营者都在利用各种各样的方法来为账号或作品引流,目的就是希望能够提升粉丝量,打造爆款内容。流量的提升说难不难,说容易也不容易,关键是看你怎么做,舍得花钱的可以采用付费渠道来引流,规模小的运营者则可以充分利用免费流量来提升曝光量。

但有一个前提,那就是流量一定要精准,这样才能有助于后期的变现。例如,很多运营者在抖音上拍摄段子内容,然后在剧情中植入商品。拍段子相对来说会比较容易吸引大家的关注,也容易产生爆款内容,能够有效触达更多的人群,但获得的往往是"泛流量",大家关注得更多的是内容,而不是产品。很多运营者的内容做得非常好,但转化效果却很差,通

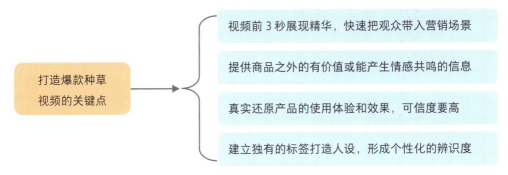

图 8-16 打造爆款种草视频的关键点

8.3.4 付费工具引流

如今，各大短视频平台针对有引流需求的用户都提供了付费工具，如抖音的"DOU+上热门"、快手的"帮上热门"等。"DOU+上热门"是一款视频"加热"工具，可以实现将视频推荐给更多兴趣用户，提升视频的播放量与互动量，以及可以提升视频中带货产品的点击率。具体操作如下。

步骤 01 在抖音 App 中打开需要引流的短视频，点击"分享"按钮，如图 8-17 所示。

步骤 02 执行操作后，在弹出的"分享给朋友"的菜单中，选择"帮上热门"选项，如图 8-18 所示。

步骤 03 执行操作后，便进入"DOU+上热门"界面，点击"立即支付"按钮便可以为视频加热，如图 8-19 所示。

值得注意的是，运营者还可以进入通用版，点击"DOU+上热门"界面上方的"更多能力请前往通用版"按钮即可。在通用版中，运营者可以选择加热点赞评论量、粉丝量、主页浏览量，还可以选择相应的套餐。运营者选择好后，点击"支付"按钮即可，如图 8-20 所示。

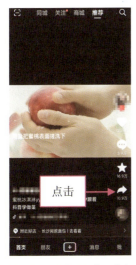

图 8-17 点击"分享"按钮

图 8-18 选择"帮上热门"选项

图 8-19　点击"立即支付"按钮

图 8-20　点击"支付"按钮

在"DOU+上热门"界面中,运营者可以选择具体的推广目标,如获得点赞评论量、粉丝量或主页浏览量等,系统会显示预计转化数并统计投放金额,然后确认支付即可。投放 DOU+ 的视频必须是原创视频,内容完整度好,视频时长超过 7 秒,且没有其他 App 水印和非抖音站内的贴纸或特效。

8.3.5　抖音热搜引流

对于短视频的创作者来说,蹭热词已经成为一项重要的技能。运营者可以利用抖音热搜寻找当下的热词,并让自己的短视频高度匹配这些热词,得到更多的曝光。下面总结出了 4 个利用抖音热搜引流的方法,如图 8-21 所示。

图 8-21　利用抖音热搜引流的方法

8.3.6　评论功能引流

随着各种"神评论"的不断出现,短视频评论区开始成为许多用户重点关注的区域之一。

基于这一点，短视频运营者可以积极参与短视频的评论互动，通过一定的话语进行导流，将短视频平台的公域流量变为自己的私域流量。通过短视频评论区导流的方法有很多，短视频运营者可以根据自身的目的，来制定针对性的话语，以引导用户热议。

例如，当短视频运营者需要用户在第一时间关注自己的短视频时，可以通过在短视频评论区进行评论，说明自己更新短视频的时间，让用户按时前来观看短视频，如图8-22所示。

运营者可以通过关注同行业或同领域的相关账号，评论它们的热门作品，并在评论中打广告，给自己的账号或产品引流。

评论热门作品引流主要有两种方法。

图 8-22　通过评论引导短视频用户

- 直接评论热门作品：特点是流量大，但竞争大。
- 评论同行的作品：特点是流量小，但粉丝精准。

8.3.7　账号信息引流

在短视频账号的运营过程中，短视频运营者可以借助一定的导流话语，打造私域流量池（将短视频的公域流量引导过来，让用户成为你的粉丝和变现对象），实现流量的快速聚合。打造私域流量池的方法有很多，下面介绍账号信息引流的话术。

账号个人简介区，顾名思义，就是用来简单介绍账号的区域。虽然账号个人简介区主要是做好账号的简单介绍，但是只要运用得当，它也是能够起到导流作用，帮助短视频运营者打造私域流量的。

具体来说，短视频运营者可以在个人简介中用带有"关注"等字眼的词语，吸引用户关注你的账号；还可以在个人简介中展示个人微信号和QQ号等联系方式，让短视频用户主动成为你的好友，变成你的私域流量。

图8-23所示为抖音账号的个人简介区，可以看到这两个账号通过介绍业务引导关注，以及展示联系方式来进行引流，将用户变为私域流量。

图 8-23　抖音账号的个人简介区

8.3.8 矩阵账号引流

矩阵账号是指通过同时运营多个不同类型的账号,来打造一个稳定的粉丝流量池,整体的运营思维为"大号打造IP+小号辅助引流+最终大号转化"。

打造矩阵账号通常需要建立一个短视频团队,至少要配置2名主播、1名拍摄人员、1名后期剪辑人员及1名推广营销人员,从而保障矩阵账号的顺利运营。在打造矩阵账号时,还有很多注意事项,如图8-24所示。

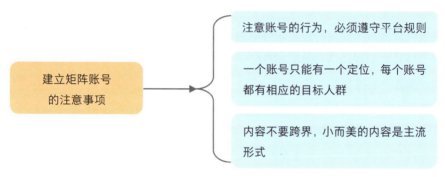

图8-24 建立矩阵账号的注意事项

这里再次强调,矩阵账号中各子账号的定位一定要精准,这一点非常重要,每个子账号的定位不能过高或过低,更不能错位,既要保证主账号的发展,也要让子账号能够得到很好的成长。

8.3.9 账号背景引流

短视频平台中账号背景图片一般出现在个人主页的上方。对于许多短视频运营者来说,账号背景图片更多的是起到装饰账号主页的作用。其实,如果账号背景图片用得好,也可以起到导流、打造私域流量池的作用。

例如,可以将带有引导用户关注账号的文字的图片作为账号背景图片,增加用户关注账号的意愿。如图8-25所示,在这两个账号背景图片中,都出现了"关注"字眼,以引导用户进行关注。

当然,每个短视频账号想要达到的导流目的可能不尽相同,短视频运营者可以根据自身的目的来制作和设置带有导流效果的账号背景图片。例如,想要引导用户添加你在其他平台的账号,便可以在账号背景图片中展示该账号。

图8-26所示,分别为某快手账号和抖音账号的个人主页,可以看到他们便是通过背景图片展示新浪微博账号或微信公众号主页,来引导用户关注他们的微博账号或微信公众号。

第 8 章　视频吸粉引流

图 8-25　通过背景图片引导关注账号

图 8-26　通过背景图片引导关注其他平台的账号

8.3.10　线下POI引流

短视频的引流是多方向的，既可以从平台的公域流量池或跨平台引流到账号本身，也可以将自己的私域流量引导至其他的线上平台。尤其是本地化的短视频账号，还可以通过短视频给自己的线下实体店铺引流。

例如，用抖音给线下店铺引流的最佳方式就是开通企业号，并利用"认领POI（Point Of Interest，兴趣点）地址"功能，在POI地址页展示店铺的基本信息，实现线上到线下的流量转化。

当然，要想成功引流，运营者还必须持续输出优质的内容、保证稳定的更新频率并多与用户互动，并打造好自身的产品，做到这些可以为店铺带来长期的流量。

8.3.11　热门话题引流

不管是做短视频还是其他内容形式，只要内容与热点挂钩，通常都能得到极大的曝光量。那么，如何通过抖音蹭热门话题，让短视频播放量快速破百万呢？

大家千万不要小看了抖音的"热点"功能，尤其对于想涨粉和带货的运营者来说，一定要多留意这些热门话题挑战赛。热点的传播速度非常快，运营者只要在热点出现的第一时间，马上发布一个蹭热门话题的短视频，即可大幅增加播放量和粉丝量的提升概率。

运营者可以进入"抖音热榜"界面中的"挑战榜"选项卡，选择合适的热点话题后，只需点击"立即参与"按钮即可参加该热门话题挑战赛，如图8-27所示。另外，运营者也可以在"挑战榜"上的短视频播放界面中点击"拍同款"按钮，快速拍摄带同款热点话题的短视频，如图8-28所示。

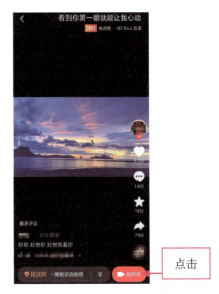

图 8-27　点击"立即参与"按钮　　　　图 8-28　点击"拍同款"按钮

运营者发布短视频后，平台会根据这个热点的热度，以及内容与热门话题的相关性，为短视频分配相应的流量。

第 9 章 打造盈利模式

根据中国互联网络信息中心发布的数据显示，2021年国内短视频用户规模已经达到8.88亿。这个数字对于创业者和企业意味着什么？意味着短视频领域有大量的赚钱机会，因为流量就是金钱，流量在哪里，哪里的变现机会也就更大。

9.1 利用广告变现

广告变现是目前短视频领域最常用的商业变现模式，一般是按照粉丝数量或浏览量来进行结算。本节主要以抖音平台为例，介绍各种广告变现的渠道和方法，让短视频的盈利变得更简单。

9.1.1 流量广告

流量广告是指将短视频流量通过广告手段实现现金收益的一种商业变现模式。流量广告变现的关键在于流量，而流量的关键就在于引流和提升用户黏性。在短视频平台上，流量广告变现模式是指在原生短视频内容的基础上，平台会利用算法模型来精准匹配与内容相关的广告。

流量广告变现适合拥有大流量的短视频账号，这些账号不仅拥有足够多的粉丝关注，而且它们发布的短视频也能够吸引大量观众观看、点赞和转发。

例如，由抖音、今日头条和西瓜视频联合推出的"中视频计划"就是一种流量广告变现模式，运营者只需在该平台上发布1~30分钟的横版视频，即可有机会获得收益，如图9-1所示。简单来说，就是只要视频有播放量，运营者就能赚到钱。

图 9-1　"中视频计划"的相关介绍和入口

"中视频计划"的入口位于抖音App创作者服务中心的功能列表中,运营者可以通过点击计划介绍界面中的"立即加入"按钮,并完成西瓜视频账号和抖音账号的绑定,即可申请加入"中视频计划"。

9.1.2 星图接单

巨量星图是抖音为达人和品牌提供的一个内容交易平台,品牌可以通过发布任务达到营销推广的目的,达人则可以在平台上参与星图任务或承接品牌方的任务实现成功变现。图9-2所示为巨量星图界面,可以看到它支持多个媒体平台。

图9-2 巨量星图界面

巨量星图为品牌方寻找合作达人提供了更精准的途径,为达人提供了稳定的变现渠道,为抖音、今日头条、西瓜视频等新媒体平台提供了富有新意的广告内容,在品牌方、达人和各个传播平台等方面都发挥了一定的作用。

(1)品牌方。品牌方在巨量星图平台中可以通过一系列榜单更快地找到符合营销目标的达人,此外平台提供的组件功能、数据分析、审核制度和交易保障在帮助品牌方降低营销成本的同时,能够获得更好的营销效果。

(2)达人。达人可以在巨量星图平台上获得更多的优质商单机会,从而赚取更多的变现收益。此外,达人还可以签约MCN(Multi-Channel Network,多频道网络)机构,获得专业化的管理和规划。

(3)新媒体平台。对于抖音、今日头条、西瓜视频等各大新媒体平台来说,巨量星图可以提升平台的商业价值,规范和优化广告内容,避免低质量广告影响用户的观感,以及降低用户黏性。

巨量星图面向不同平台的达人提供了不同类型的任务,只要达人的账号达到相应平台的入驻和开通任务的条件，并开通接单权限后，就可以承接该平台的任务，如图9-3所示。

图 9-3　巨量星图平台上的任务

达人完成任务后，可以进入"我的星图"页面，在这里可以直接看到账号通过做任务获得的收益情况，如图9-4所示。需要注意的是，任务总金额和可提现金额数据默认状态下是隐藏的，达人可以单击右侧的 图标，显示具体的金额。

图 9-4　"我的星图"页面

> **温馨提示**
>
> 平台只会对未签约MCN机构的达人收取5%的服务费。例如，达人的报价是1000元，任务正常完成后平台会收取50元的服务费，达人的可提现金额是950元。

9.1.3　全民任务

全民任务，顾名思义是指所有抖音用户都能参与的任务。具体来说，全民任务就是广告方在抖音App上发布广告任务后，用户根据任务要求拍摄并发布视频，从而有机会得到现金或流量奖励。

用户可以在"全民任务"活动界面中查看自己可以参加的任务，如图9-5所示。选择相应任务即可进入"任务详情"界面，查看任务的相关玩法和精选视频，如图9-6所示。

图 9-5　"全民任务"活动界面

图 9-6　"任务详情"界面

全民任务功能的推出，为广告方、抖音平台和用户都带来了不同程度的好处。

（1）广告方。全民任务可以提高品牌的知名度，扩大品牌的影响力；而创新的广告内容和形式不仅不会让达人反感，而且还能获得达人的好感，达到营销宣传和大众口碑双赢的目的。

（2）抖音平台。全民任务不仅可以刺激平台用户的创作激情，提高用户的活跃度和黏性；还可以提升平台的商业价值，丰富平台的内容。

（3）用户。全民任务为用户提供了一种新的变现渠道，没有粉丝数量门槛，没有视频数量要求，没有拍摄技术难度，只要用户发布的视频符合任务要求，就有机会得到任务奖励。

用户参与全民任务的最大目的当然是获得任务奖励，那么怎样才能获得收益，甚至获得较高的收益呢？

以拍摄任务为例，首先运营者要确保投稿的视频符合任务要求，计入任务完成次数，这样运营者才算完成任务，才有机会获得任务奖励。

其次，全民任务的奖励是根据投稿视频的质量、播放量和互动量来分配的，也就是说视频的质量、播放量和互动量越高，获得的奖励才有可能越多。成功完成任务后，为了获得更多的任务奖励，运营者可以多次参与同一个任务，增加获奖机会，提高获得较高收益的概率。

9.2 实现内容变现

内容变现，其实质在于通过短视频售卖相关的内容产品或知识服务，来让内容产生商业价值，变成"真金白银"。本节主要以抖音平台为例，介绍短视频的内容变现渠道和相关技巧。

9.2.1 激励计划

很多短视频平台针对优质的内容创作者推出了一系列激励计划，大力帮助它们进行内容变现，给优质创作者带来更多福利。例如，抖音推出的"剧有引力计划"就是一种平台激励计划。

运营者可以在抖音App的创作者服务中心的功能列表中，点击"剧有引力计划"按钮，即可进入"剧有引力计划"的活动界面，向上滑动屏幕，可以看到"立即报名"按钮，如图9-7所示。

点击"立即报名"按钮，即可进入"抖音短剧剧有引力计划——分账赛道短剧报名表"界面，如图9-8所示。运营者可以在此填写报名表中的详细信息，并点击"提交报名"按钮即可。

图 9-7 "剧有引力计划"活动界面　　　图 9-8 "抖音短剧剧有引力计划——分账赛道短剧报名表"界面

"剧有引力计划"的任务奖励包括现金分账和流量激励两种方式，但活动门槛比全民任务更高，不仅对内容有更高的要求，而且参与者的粉丝量和作品播放量都需要达到一定的指标。

9.2.2 流量分成

参与平台任务获取流量分成，这是内容营销领域较为常用的变现模式之一。例如，抖音平台推出的"站外播放激励计划"就是一种流量分成的内容变现形式，不仅为创作者提供站外展示作品的机会,而且还帮助他们增加变现渠道,获得更多收入。

"站外播放激励计划"有以下两种参与方式。

(1)进入抖音App的创作者服务中心,点击"全部分类"按钮进入"功能列表"界面,点击"站外播放激励"按钮,如图9-9所示。

(2)收到站内信或PUSH通知的创作者,可以通过点击站内信或PUSH直接进入计划主界面,点击"加入站外播放激励计划"按钮申请加入,如图9-10所示。

运营者成功加入"站外播放激励计划"后,抖音可将其发布到该平台的作品,授权第三方平台进行进一步商业化使用,并向创作者支付一定的收益,从而帮助创作者进一步扩大作品的曝光量和提升创作收益。

图9-9 点击"站外播放激励"按钮

图9-10 点击"加入站外播放激励计划"按钮

9.2.3 视频赞赏

在抖音平台上,创作者可通过优质内容来获得观众的赞赏,这是一种很常见的内容获利形式,在多个平台上都有它的身影。赞赏可以说是针对广告收入的一种补充,不仅可以增加创作者的收益方式,而且还能够增进与粉丝的关系。

例如,抖音平台的创作者可以开启"视频赞赏"功能,将会有机会获得赞赏收益。"视频赞赏"功能目前处于内测中,平台会通过站内信限量邀请符合开启条件的创作者试用。

当创作者开通"视频赞赏"功能后,观众在浏览他发布的短视频时,只需长按视频后点击"赞赏视频"按钮,或者在分享面板中点击"赞赏视频"按钮,即可给创作者打赏。

9.3 售卖产品变现

短视频电商变现和广告变现的主要区别在于，电商变现也是基于短视频来宣传引流，但还需要实实在在地将产品或服务销售出去才能获得收益，而广告变现则只需要将产品曝光即可获得收益。

如今，短视频已经成为极佳的私域流量池，带货能力不可小觑。本节主要以抖音平台为例，介绍短视频的电商变现渠道和相关技巧。

9.3.1 抖音小店

抖音小店（简称抖店）覆盖了服饰鞋包、珠宝文玩、美妆、数码家电、个护家清、母婴和智能家居等多个品类，大部分线下有实体店或开通了网店的商家，都可以注册和自己业务范围一致的抖店。

抖店包括旗舰店、专卖店、专营店、普通店等多种店铺类型。商家在电脑上进入抖店官网的"首页"页面，可以选择手机号码注册、抖音入驻、头条入驻和火山入驻等多种入驻方法，如图9-11所示。

图 9-11 抖店的入驻方式

登录抖店平台之后，会自动跳转至"请选择主体类型"页面，如图9-12所示。运营者需要在该页面中根据自身需要选择合适的主体类型（单击对应主体类型下方的"立即入驻"按钮），然后填写主体信息和店铺信息，并进行资质审核和账户验证，最后缴纳保证金，即可完成抖店的入驻。

图 9-12 "请选择主体类型"页面

目前,抖音平台上的商品大部分都来自抖店,因此可以将抖音看成是抖店的一个商品展示渠道,其他展示渠道还有抖音盒子、今日头条、西瓜视频等。也就是说,运营者如果想要在抖音上开店卖产品,开通抖店是一条捷径,即使是零粉丝也可以轻松入驻开店。

抖店是抖音针对短视频运营者变现推出的一个内部电商功能,通过抖店就无须再跳转到外链去完成商品的购买,直接在抖音内部即可实现电商闭环,让运营者更快变现,同时也为观众带来更好的消费体验。

9.3.2 商品橱窗

商品橱窗和抖店都是抖音电商平台为运营者提供的带货工具,其中的商品通常会出现在短视频和直播间的购物车列表中,是一个全新的电商消费场景,消费者可以通过它们进入商品详情页进行下单付款,让运营者实现卖货变现。

运营者可以在抖音的"商品橱窗"界面中添加商品,直接进行商品销售,如图 9-13 所示。商品橱窗除了会显示在信息流中外,同时还会出现在个人主页中,方便粉丝查看该账号发布的所有商品。图 9-14 所示为某抖音号的橱窗界面。

通过商品橱窗的管理,运营者可以将具有优势的商品放置在显眼的位置,增加观众的购买欲望,从而达到打造爆款的目的。

运营者要将商品橱窗中的商品卖

图 9-13 "商品橱窗"界面　　图 9-14 某抖音号的橱窗界面

出去，可以通过直播间和短视频两种渠道来实现。其中，短视频不仅可以为商品引流，而且还可以吸引粉丝关注，提升老顾客的复购率。因此，种草视频是实现橱窗商品售卖不可或缺的内容形式，运营者在做抖音运营的过程中也需要多拍摄种草视频。

9.3.3 抖音购物车

抖音购物车即商品分享功能（也称为带货权限），顾名思义，就是对商品进行分享的一种功能。在抖音平台中，开通商品分享功能之后，运营者会拥有自己的商品橱窗，便可以在抖音短视频、直播间和个人主页等界面对商品进行分享。图9-15所示为抖音短视频中的购物车。

开通商品分享功能的抖音账号必须满足两个条件，一是完成实名认证并缴纳商品分享保证金；二是开通收款账户（用于提取佣金收入）。当两个条件都达成之后，抖音账号运营者便可申请开通商品分享功能，成为带货达人了。

图 9-15　抖音短视频中的购物车

运营者开通商品分享功能之后，最直接的好处就是可以拥有个人商品橱窗，能够通过购物车来分享商品赚钱。在抖音平台中，电商变现最直接的一种方式就是通过分享商品链接，为观众提供一个购买商品的渠道。对于运营者来说，无论分享的是自己店铺中的商品，还是他人店铺中的商品，只要商品卖出去了，就能赚到钱。

9.3.4 精选联盟

精选联盟是抖音为短视频运营者打造的CPS（Cost Per Sales，按商品实际销售量进行付费）变现平台，不仅拥有海量、优质的商品资源，而且还提供了交易查看、佣金结算等功能，其主要供货渠道为抖店。

运营者如果不想自己开店卖货，也可以通过精选联盟平台帮助商家推广商品，来赚取佣金收入，这种模式与淘宝客类似。"精选联盟"的入口位于"商品橱窗"界面中，如图9-16所示。点击"选品广场"按钮，即可进入"抖音电商精选联盟"界面，在该界面便可以筛选商品进行带货，如图9-17所示。

运营者可以通过淘口令或商品链接，在精选联盟平台中查找对应的商品，并将商品添加到自己的商品橱窗中，然后在短视频的"发布"界面，❶选择"添加商品"选项；进入"我的橱窗"界面选择相应的商品后，❷点击"添加"按钮，如图9-18所示，即可发布带货短视频。

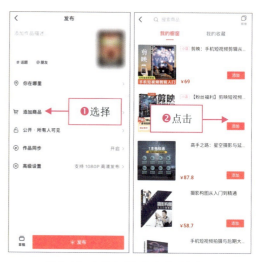

图9-16　"精选联盟"的入口

图9-17　"抖音电商精选联盟"界面

图9-18　在发布的短视频中添加商品

9.3.5　团购带货

团购带货就是商家发布团购任务，运营者通过发布带位置或团购信息的相关短视频，如图9-19所示，吸引观众点击并购买商品，观众到店使用完成后，运营者即可获得佣金。

需要注意的是，团购带货售卖的商品是以券的形式发放给观众的，不会产生物流运输和派送记录，需要观众自行前往指定门店，出示商品券，在线下完成消费。

想申请团购带货功能，运营者的粉丝量必须大于或等于1000，这里要求的粉丝量指的是抖音账号的纯粉丝量，不包括绑定的第三方账号粉丝量。满足要求的运营者可以进入抖音的创作者服务中心，点击"团购带货"按钮即可申请开通该功能。

图9-19　带有团购信息的短视频

团购带货功能之所以如此火爆，主要是因为运营者只需要发视频就能获得收益，而商家只需要发布任务就能获得客人，观众也能以优惠的价格购买到商品或享受服务，可谓是一举多得。

第4篇 直播带货

塑造优秀主播
- 设置直播分工
- 提升语言能力
- 巧妙运用技巧
- 点燃直播气氛

规划直播产品
- 确定商品款式
- 掌握定价规律
- 产品运营模式

直播带货卖货
- 提升转化效果
- 满足用户需求
- 掌握购物路径

第 10 章 塑造优秀主播

大部分人都有一种错误的认知,即直播就是在摄像头前和观众聊天就可以了。不管做什么工作,想要获得成功,自身都要具有相关的能力,专业的主播更是如此。本章,将详细介绍如何打造一名优秀的主播。

10.1 设置直播分工

通常情况下,一个完整的直播间包括主播、助播、运营、场控、数据分析及客服等工作人员。当然,有能力的商家也可以身兼数职,但同样需要厘清这些直播角色的功能,这样才能够事半功倍,提升直播间的带货效率。本节,以拼多多为例,为大家介绍直播间的分工情况。

10.1.1 主播

拼多多直播不同于抖音和快手等短视频电商直播,他们可能会经常跨品牌和类目进行带货,而拼多多则要求主播要深入了解自己所带货的商品。商家在选择主播时,或者将自己打造为店铺主播时,还有一些基本要求,具体如图10-1所示。

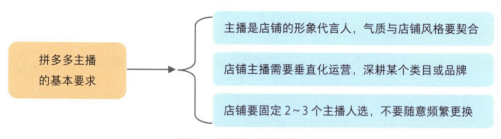

图 10-1 拼多多主播的基本要求

例如,在各种电子产品的直播间,观众都比较喜欢提各类问题,则主播需要充分了解自己的产品,才能快速回复观众的问题,同时也能将产品的优势有条不紊地说出来,从而增强观众的信任度,如图10-2所示。

第 10 章 塑造优秀主播

图 10-2 电子产品的直播间观众非常喜欢提各类问题

再例如，对于服装产品来说，主播的颜值就要高一些，同时要有好的身材和口才，这样不仅能够穿出漂亮的服装效果，而且还能把服装的优势讲出来。

确定好店铺的主播人选后，商家该如何寻找主播呢？在拼多多平台上，通常有以下4种途径，如图10-3所示。

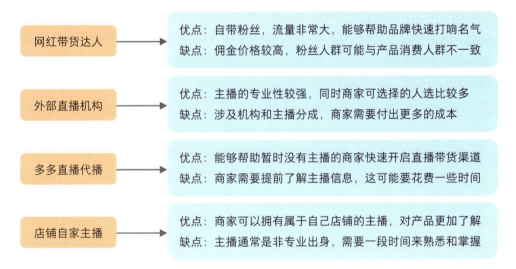

图 10-3 寻找主播的 4 种途径

由于多多直播推出的时间并不长，平台上的主播也比较少，因此很多店铺可能一时无法找到合适的主播。此时，商家可以试着自己开播，因为只有商家才是最了解自己店铺商品的人。电商直播不同于以往的秀场直播，即使主播没有好的身材和颜值，但只要能够坚持为消费者提供物美价廉的商品，成功也将会唾手可得。

10.1.2 助播

助播简单理解就是帮助主播完成一些直播工作，也可以称之为主播助理，具体工作内容如图10-4所示。

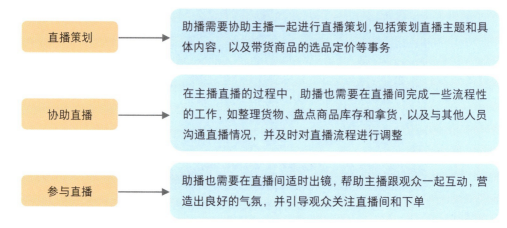

图 10-4 助播的具体工作内容

对于主播来说，助播能够起到锦上添花的作用，一主一辅相互配合，彼此是一种相互依赖的关系。例如，在平台大促期间，当主播的嗓子已经喊哑的时候，助播就要说更多的话，告诉观众怎样领券下单，分担主播的压力。如果主播的粉丝量非常大，达到了几十万以上，而且粉丝的活跃度非常高，此时就需要增加一些助播人数。当然，一个助播每天也可以协助多个主播，来延长自己的工作时间，从而获得更多收入。

助播其实是比较锻炼自我的一个职业，往往能够在直播间身兼数职，很有发展潜力。例如，助播可以发展成为运营主管，培养更多定位精准的专业型小主播，成立自己的直播团队或机构。

10.1.3 运营

直播间运营是一个非常重要的岗位，主要工作任务都在直播前期的策划上，包括直播脚本、活动及选品等，如图 10-5 所示。

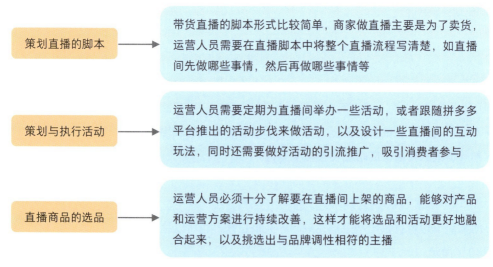

图 10-5 运营的具体工作内容

通常情况下，直播间运营都具有一定的成本及营销意识，能够通过一系列的运营策划把直播间做得更好。对于大商家来说，可以多设置一些运营岗位，如内容策划运营、渠道宣传运营及选品对接运营等，这样做能够更好地提升直播运营数据。

10.1.4 场控

对于主播来说，直播间的场控是一个炒热气氛的重要岗位，不仅可以帮助主播控制直播间的节奏，解决一些突发状况，而且还可以引导粉丝互动。直播间场控的具体要求如10-6所示。

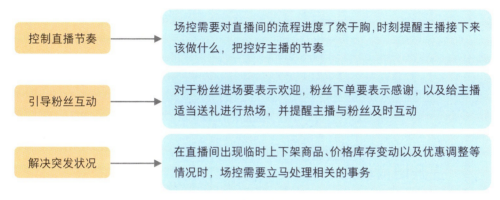

图 10-6 场控的具体要求

对于一些小商家来说，如果运营人员的时间足够多，同时能力也比较强，也可以由运营来兼任直播间场控一职。

10.1.5 数据

直播间的数据分析人员是一个把控全局的岗位，要善于分析数据，做好直播间的总结和复盘，推爆款商品，并为下一场直播做准备。

商家可以进入拼多多商家后台的"数据中心→交易数据"页面，查看店铺的成交数据情况。数据分析人员可以根据直播间的每次数据波动情况，来优化和调整下一次直播内容。

10.1.6 客服

直播间的客服主要工作是引导买家观看直播和下单，同时解决观众在直播间提出的问题，促进直播间的成交转化率。

商家可以进入拼多多商家后台的"多多客服→客服工具→分流设置"页面，完善店铺的售前和售后客服分工，提升客服团队的接待效率和买家咨询体验，进而提升店铺的转化率，如图10-7所示。

需要注意的是，客服在给店铺直播间引流时，只需要在黄金时刻进行即可。当然如果直播间全天的流量都非常大,也可以让客服加强引导买家到直播间的频率。

图 10-7　店铺客服分工设置

10.2　提升语言能力

出色的主播都拥有强大的语言能力,有的主播会多种语言,让直播间多姿多彩;有的主播讲段子张口就来,让直播间妙趣横生。那么,主播该如何提高语言能力、打造一流的口才呢?本节将从表达语言能力、聊天语言能力及销售语言能力3个角度,讲解提高语言能力的方法。

10.2.1　表达语言

一个人的语言表达能力在一定程度上体现了这个人的情商。对于直播平台上的主播来说,可以从以下几方面来提高自己的语言表达能力。

1. 注意语句表达

在语句的表达上,主播需要注意以下两点。

- 首先,主播需要注意话语的停顿,把握好节奏。
- 其次,主播的语言表达应连贯,听着自然流畅。

如果主播说话不够清晰,可能会在观众接收信息时造成误解。另外,主播可以在规范用语上发展个人特色,形成个性化与规范化的统一。总体来说,主播的语言表达需要具有这些特点:规范性、分寸感、感染性和亲切感,具体分析如图10-8所示。

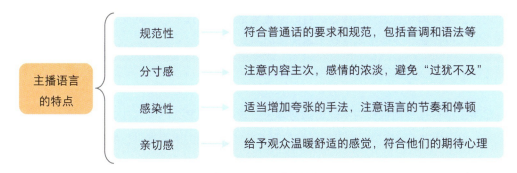

图 10-8 主播语言的特点

2. 结合肢体语言

单一的话语可能会不足以生动表达,主播可以借助动作和表情进行辅助表达,尤其是眼神的交流,其次夸张的动作可以使语言更显张力,如图 10-9 所示。

图 10-9 借助动作进行辅助表达

3. 自身知识积累

主播可以在线下注重提高自身的修养,多阅读,增加知识的积累。大量阅读可以增加一个人的逻辑能力与语言组织能力,进而帮助主播更好地进行语言表达。

4. 进行有效倾听

懂得倾听是人品好的一种体现方式,带货主播也要学会倾听观众的心声,了解他们的需求,才能更快地把商品卖出去。

在主播和观众交流沟通的互动过程中,虽然表面上看来是主播占主导,但实际上是以观众为主。观众愿意看直播的原因就在于能与自己感兴趣的人进行互动,主播要懂得了解观众关心什么、想要讨论什么话题,就一定要认真倾听观众的心声和反馈。

5. 注意把握时机

在直播带货过程中,选择正确的说话时机也是非常重要的,这也是主播语言能力高的一种体现。主播可以通过观众的评论内容，来思考他们的心理状态，从而在合适的时机发表合适的言论，这样观众才会乐于接受主播推荐的产品。

10.2.2 聊天语言

如果主播在直播间带货时不知道如何聊天，遭遇冷场怎么办？为什么有的主播能一直聊得火热？那是因为有些主播没有掌握正确的聊天技能。下面为大家提供5点直播聊天的小技巧，为主播解决直播间"冷场"的烦恼。

1. 感恩心态

俗话说得好："细节决定成败！"如果在直播过程中主播对细节不够重视，那么观众就会觉得主播有些敷衍。在这种情况下，直播间的粉丝很可能会出现快速流失的情况。相反，如果主播对细节足够重视，观众就会觉得他是在用心直播。当观众在感受到主播的用心之后，也会更愿意关注主播和下单购物。

在直播的过程中，主播应随时感谢观众，尤其是对打赏的观众，还有新进入直播间的观众。除了表示感谢之外，主播还要通过认真回复观众的评论，让观众看到你对他们是很重视的，这也是一种转化粉丝的有效手段。

2. 把握尺度

在直播聊天的过程中，主播说话的语言要注意把握好尺度，懂得适可而止。例如，主播在开玩笑的时候，注意不要过度，许多主播因为开玩笑过度而遭到封杀。因此，懂得适可而止在直播中也是非常重要的。

还有的主播为了能出名，故意蹭一些热度，或者发表一些负能量的话题，来引起观众的热议，增加自身的热度。这种行为往往都是玩火自焚，不仅会遭到大家的唾弃，而且还可能会被平台禁播。如果在直播中，主播不小心说了错话，惹得观众愤怒，此时主播应该及时向观众道歉。

3. 换位思考

面对观众进行个人建议的表达时，首先主播可以站在观众的角度，进行换位思考，这样更容易了解回馈信息的观众的感受。

其次，主播可以通过学习及察言观色来提升自己的思想和阅历。此外，察言观色的前提需要心思足够细腻，主播可以细致地观察直播时及线下互动时观众的态度，并且进行思考和总结，用心去感受观众的态度，多为他人着想。"为他人着想"主要体现在以下几个方面，如图10-10所示。

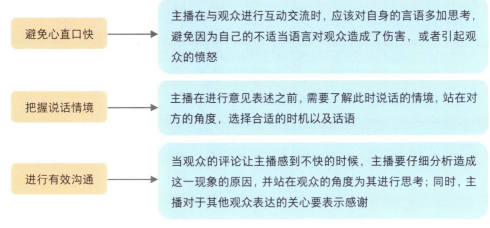

图 10-10 "为他人着想"的体现

4. 低调直播

主播在面对观众的夸奖或批评时，都需要保持谦虚礼貌的态度。谦虚耐心会让主播获得更多粉丝的喜爱，即使是热门的主播，保持谦虚低调也能让主播的直播生涯更加顺畅，并获得更多的"路人缘"。

5. 幽默技巧

口才幽默风趣的主播，更容易俘获观众的喜爱，而且还能体现出主播个人的内涵和修养。所以，一个专业的带货主播，也必然少不了幽默技巧。在生活中，很多幽默故事就是由生活的片段和情节改编而来的。因此，幽默的第一步就是收集搞笑的段子和故事等素材，然后合理运用，先模仿再创新。

- 首先，主播可以利用生活中收集而来的一些幽默素材，将其牢记于心，做到脱口而出，这样能够快速培养自己的幽默感。
- 其次，主播也可以通过观看他人的幽默段子和热门的"梗"，再到直播间进行模仿，或者借助故事讲述出来，让观众忍俊不禁。

很多人都喜欢听故事，而主播可以在故事中穿插幽默的语言，则会让观众更加全神贯注，将身心都投入主播的讲述之中。

10.2.3 销售语言

在直播中，主播想要赢得流量，获取观众的关注，需要把握观众心理，并且在说话时投其所好。下面介绍 5 种提高主播销售语言能力的方法。

1. 提出问题

主播在介绍产品之前，可以先利用场景化的内容，表达自身的感受和烦恼，与观众聊天，进而引出痛点问题，并且配合助播和场控一起保持话题的活跃度。

2. 放大问题

主播在提出问题之后，还可以将细节问题尽可能全面化放大。例如，买家在购买防晒衣时，经常会遇到不透气、不耐用等问题。主播便可以从观众评论中收集这些问题，然后通过直播将所有细节问题一一进行描述，来突出自己的产品优势，如图10-11所示。

图 10-11　通过直播突出产品优势

3. 提升高度

引出产品之后，主播还可以从以下几个角度对产品进行讲解，如图10-12所示。

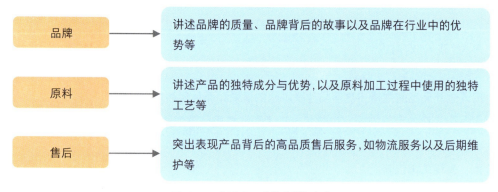

图 10-12　提升产品价值的讲解角度

4. 引入产品

主播讲述完问题之后，可以引入产品来解决问题。主播可以根据用户痛点需求的关注程度，来排列产品卖点的优先级，全方位地展示产品信息，吸引买家。

总之，主播只有深入了解自己的产品，对产品的生产流程、材质类型和功能用途等信息了如指掌，才能在直播中将产品的真正卖点说出来。

5. 降低门槛

最后一个方法是降低门槛，讲完优势及提高产品价值后，主播应该提供给观众本次购买的福利，或者利用限制数量来制造紧张氛围，让观众产生消费冲动，引导他们在直播间下单。

10.3　巧妙运用技巧

主播在直播带货过程中，除了要把产品很好地展示给观众以外，最好还要去掌握一些直播带货技巧和语言技巧，这样才可以更好地进行产品的推销，提高主播自身的带货能力，从而让主播的商业价值得到增值。

由于每一个买家的消费心理和消费关注点不一致，在面对合适且有需求的产品时，仍然会由于各种细节因素，导致最后并没有下单。面对这种情况，主播就需要借助一定的销售技巧和话语来突破买家的最后心理防线，促使他们完成下单行为。

本节将向大家介绍几种拼多多直播带货的技巧和话语，帮助主播提升带货技巧，让直播间的产品销量更上一层楼。

10.3.1 介绍法

介绍法是介于提示法和演示法之间的一种方法。主播在拼多多直播间带货时，可以用一些生动形象和有画面感的话语来介绍产品，达到劝说观众购买产品的目的。图10-13所示为介绍法的3种操作方式。

图 10-13 介绍法的 3 种操作方式

1. 直接介绍法

直接介绍法是指主播直接向观众介绍和讲述产品的优势和特色，让观众快速了解产品的卖点。这种直播话语的最大优势就是非常节约时间，能够直接让观众了解产品的优势，省却不必要的询问过程。

例如，对于服装产品，主播可以这样说："这款服饰的材质非常轻薄贴身，很适合夏季穿着。"这就是通过直接介绍服装的优点，突出服装的材质优势，来吸引观众购买。

2. 间接介绍法

间接介绍法是指采取向观众介绍和产品本身密切相关的其他事物，来衬托介绍产品本身。

例如，如果主播想向观众介绍服装的质量，不会直接说服装的质量有多好，而是介绍服装采用的面料来源，来间接表达服装的质量过硬和值得购买的意思，这就是间接介绍法。

3. 逻辑介绍法

逻辑介绍法是指主播采取逻辑推理的方式，通过层层递进的语言将产品的卖点讲出来，整个语言的前后逻辑和因果关系非常清晰，更容易让观众认同主播的观点。

例如，主播在进行服装带货时，可以向顾客说："用几杯奶茶钱就可以买到一件美美的服装，你肯定会喜欢。"这就是一种较为典型的逻辑介绍法，表现为以理服人、顺理成章，说服力很强。

10.3.2 赞美法

赞美法是一种常见的直播带货销售技巧，这是因为每一个人都喜欢被人称赞，喜欢得到他人的赞美。在这种赞美的情景之下，被赞美的人很容易情绪高涨愉悦，从而购买主播推荐的产品。

主播可以将产品能够为观众带来的改变说出来，告诉观众他们使用了产品后，会变得怎么怎么样，通过赞美的语言来为观众描述梦想，让观众对产品心生向往。下面介绍一些赞美法的相关技巧，如图10-14所示。

另外，"三明治赞美法"也是赞美法里面比较被人所推崇的一种表达方法，它的表达方式是：首先根据对方的表现来称赞他的优点；然后提出希望对方改变的不足之处；最后，重新肯定对方的整体表现状态。通俗的意思是：先褒奖，再说实情，最后说一个总结的好处。

例如，当观众担心自己的身材不适合这件裙子时，主播就可以这样说："这条裙子不挑人，大家都可以穿，虽然你可能有点不适合这款裙子的版型，但是你非常适合这款裙子的风格，不如尝试一下。"

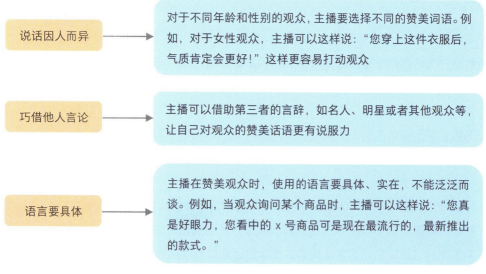

图10-14 赞美法的相关技巧

10.3.3 示范法

示范法也叫示范推销法，就是要求主播把要推销的产品，通过亲自试用来给顾客进行展示,从而激起观众的购买欲望。由于直播带货的局限性,使得观众无法亲自试用产品,这时就可以让主播代替他们来试用产品,让观众更直观地了解到产品的使用效果。图10-15所示为示范法的操作思路。

图 10-15　示范法的操作思路

示范法涉及的方法和内容较复杂,因为不管是产品陈列摆放或当场演示,还是主播展示产品的试用、试穿或试吃等方式,都可以称之为示范法。

示范法的主要目的就是让观众达到一种亲身感受产品优势的效果,同时通过把产品的优势尽可能地全部展示出来,来吸引观众的兴趣。

例如,在下面这个卖汉服的直播间中,主播在直播间内穿上产品,让观众看到衣服的上身情况,能够让观众对衣服有一个更直观的了解,这种场景式的直播内容更容易让观众信服,如图10-16所示。

图 10-16　汉服直播间示例

10.3.4　强调法

强调法,也就是需要主播不断地向观众强调这款产品是多么的好,多么的适合他,类似于"重要的话说三遍"。

当主播想大力推荐一款产品时,就可以通过强调法来营造一种热烈的氛围,这样观众在这种氛围的引导下,会不由自主地下单。强调法通常用于在直播间催单,能够让犹豫不决的观众立刻行动起来,相关技巧如图10-17所示。

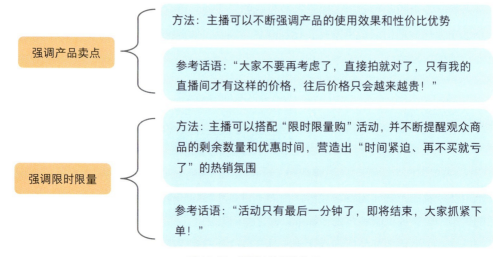

图 10-17 强调法的相关技巧

10.3.5 限时法

限时法主要是通过告诉观众近期举行的某场活动时间将要截止，提醒那些还在犹豫的观众快点行动，错过了这次的优惠活动，下次就没有优惠了。而且，商家还可以在活动期间，通过多次讲解本次活动的优惠力度，让观众产生如果现在不购买就很亏的心理，激起他们购买的欲望。

限时法就像倒计时一样，人们在这种时候，往往无法过多地思考，一旦商家展示了本次的优惠，观众便会迫不及待地想要去购买。而且，商家在还可以运用特定的话语来激发观众的购买欲。

参考话语："姐妹们，这条小裙子今天直播间有优惠，原本199的价格，现在只要99你便可以拿下它，而本次优惠只有直播间有，直播结束后这条小裙子就恢复原价了，机不可失，时不再来！"

主播在直播间向观众推荐产品时，就可以积极运用限时法，给他们造成紧迫感，也可以通过直播界面的公告牌和悬浮图片素材中的文案来提醒顾客。

使用限时法催单时，商家还需要给直播商品开启"限时限量购"活动，这是一种通过对折扣促销的产品货量和销售时间进行限定，来实现"饥饿营销"的目的，可以快速提升店铺人气和GMV。GMV是Gross Merchandise Volume的缩写，主要是指网站的成交金额。

商家可以在拼多多商家后台的"店铺营销→营销工具"页面，单击"限时限量购"按钮进入其页面，单击"立即创建"按钮，如图10-18所示。

执行操作后，进入"创建限时限量购"页面，如图10-19所示。商家可以在此设置活动类型和名称，并添加直播商品作为活动商品。创建限时限量购活动后，商家可以获得独有标签，吸引更多买家点击。

图 10-18 单击"立即创建"按钮

图 10-19 "创建限时限量购"页面

10.4 点燃直播气氛

在许多平台上,直播作为一种卖货的方式,主播要通过自己的言行在整个环境氛围上营造出紧张感,给观众带来时间压力,刺激他们在直播间下单。

主播在直播带货时,必须时刻保持高昂的精神状态,将直播当成是现场演出,这样观众也会更有沉浸感。本节将介绍一些营造直播带货氛围的相关话语技巧,帮助主播更好地去引导观众下单。

10.4.1 开场招呼

主播在开场时要记得跟观众打招呼,下面是一些常用的模板。

- "大家好,主播是新人,刚做直播不久,如果有哪些地方做得不够好,希望大家多包容,谢谢大家的支持。"
- "我是××,将在直播间给大家分享×××,而且还会每天给大家带来不同的惊喜哟,感谢大家捧场!"
- "欢迎新进来的宝宝们,来到××的直播间,支持我就加个关注吧!"
- "欢迎××进入我的直播间,××产品现在下单有巨大优惠哦,千万不要错过了哟!"
- "××产品秒杀价还剩下最后十分钟,进来的朋友们快下单哈!错过了这波福利,可能要等明年这个时候了哦!"

如果进入直播间的人比较少,此时主播还可以念出每个人的名字,下面是一些常用的打招呼模板。

- "欢迎×××来到我的直播间。"
- "嗨,×××你好!"
- "哎,我们家×××来了。"
- "又看到一个老朋友,×××。"

当观众听到主播念到自己的名字时,通常会有一种亲切感,这样观众关注主播和下单购物的可能性也会更大。另外,主播也可以发动一些老粉丝去直播间跟自己聊天,带动其他观众评论互动的节奏。

10.4.2 时间压力

有很多人做过相关的心理学实验,发现了一个共同的特点,那就是"时间压力"的作用。
- 在用数量性信息来营造出超高的时间压力环境下,消费者很容易产生冲动性的购买行为。
- 而在用内容性信息来营造出较低的时间压力环境下,消费者在购物时则会变得更加理性。

下面介绍一些能够增加"时间压力"的带货销售话语模板。

(1)参考话语:"6号产品赶紧拍,主播之前已经卖了10万件!"

用销量数据来说明该产品是爆款,同时也能辅助证明产品的质量可靠性,从而暗示观众该产品很好,值得购买。

(2)参考话语:"××产品还有最后5分钟就恢复原价了,还没有抢到的朋友要抓紧下单了!"

用倒计时来制造产品优惠的紧迫感和稀缺感,让观众产生"自己现在不在直播间下单,就再也买不到这么实惠价格的产品"的想法。

(3)参考话语:"××产品主播自己一直在用,现在已经用了3个月了,效果真的非常棒！"

分析

主播通过自己的使用经历，为产品做担保，让观众对产品产生信任感，激发他们的购买欲望。需要注意的是，同类型的产品不能每个都这样说，否则就显得太假了，容易被观众看穿。

（4）参考话语："这次直播间的优惠力度真的非常大，工厂直销，全场批发，宝宝们可以多拍几套，价格非常划算，下次就没有这个价了。"

分析

主播通过反复强调优惠力度，同时抛出"工厂直销"和"批发"等字眼，会让观众觉得"商家已经没有利润可言，这是历史最低价"，吸引他们大量下单，从而提高客单价。

（5）参考话语："直播间的宝宝们注意了，××产品的库存只有最后100件了，抢完就没有了哦，现在拍能省××元，还赠送一个价值××元的小礼品，喜欢的宝宝直接拍。"

分析

主播通过产品的库存数据，来暗示观众这个产品很抢手，同时还利用附赠礼品的方式，来超出观众的预期价值，达到更好的催单效果。

主播在直播带货时也可以利用"时间压力"的原理，通过自己的语言魅力营造出一种紧张状态和从众心理，来降低观众的注意力，同时让他们产生压力，忍不住抢着下单。

10.4.3 暖场互动

在直播中，主播也需要和观众进行你来我往的频繁互动，这样才能营造出更火热的直播氛围。因此，主播可以利用一些互动话语和话题，吸引观众深度参与到直播，相关技巧如图10-20所示。

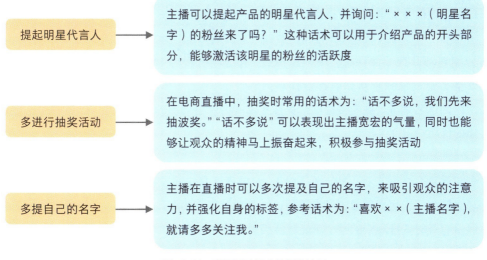

图 10-20 暖场互动话术的相关技巧

10.4.4 观众提问

许多观众之所以会对主播进行评论，主要就是因为他对于产品或直播中的相关内容有问题。针对这一点，主播在策划直播脚本时，应尽可能地选择一些能够引起观众讨论的内容。这样做出来的直播自然会有观众感兴趣的点，而且观众参与评论的积极性也会要更高一些。

当观众对主播进行提问时，主播一定要积极做好回复，这不仅是态度问题，还是获取观众好感的一种有效手段。下面总结了一些直播间的观众常提的问题和对应的解答技巧，可以帮助主播更好地回复观众并引导他们互动。

1. 问题1："看一下××产品"

第一个常见的提问为"看一下××产品"或"×号宝贝试一下"，观众在评论中提出需要看某个产品或款式。针对这一类型的提问，表示观众在观看直播的时候，对该产品产生了兴趣，需要主播进行讲解，所以提出了这个问题。

如果主播方便的话，或者时间比较充裕，则可以马上拿出产品进行试用或试穿，同时讲解产品的功能和价格等方面的优势，并挂上产品链接引导观众去下单。

2. 问题2："直播间有优惠吗？"

观众进入直播间通常是奔着直播间的优惠而来的，因此很多观众便会关注直播间内的优惠情况。一般来说，直播间会将优惠情况展示出来，但是有的观众可能没有注意到，便需要主播去及时提醒。

图10-21所示为卖汉服的直播间，直播间内分别有观众在下面评论，询问主播是否有优惠，这时主播便可以直接告知观众

图10-21 汉服直播间

直播间内的优惠情况，或者提醒观众关注直播间内优惠情况的展示区域，让更多的人知道本次直播的优惠情况。

3. 问题3："主播怎么不理人"

有时候观众会问主播"为什么不理人"，或者责怪主播没有理会他。这时候主播需要安抚该观众的情绪，可以回复说没有不理，并且建议观众多刷几次评论，主播就能看见了。如果主播没有及时安抚观众的话，可能就会丢失这个潜在客户。

4. 问题4："五号宝贝多少钱？"

该问题是针对观众观看直播，但是他没有看商品的详情介绍，而提出的相关价格方面的

问题。对于此类问题，主播可以引导观众在直播间领券下单，或者告诉观众关注店铺可享受优惠价。

5. 问题5："主播多高多重？"

第五个常问的问题是咨询主播的身高和体重，如"主播多高多重？"在直播间中，通常会通过公告牌、文字、小黑板或悬浮图片素材来展示主播的身高与体重信息，但观众可能没有注意到这些细节，如图10-22所示。

图10-22　通过公告牌或悬浮图片素材显示主播的身高与体重信息

此时，主播可以直接回复观众，提醒他们查看直播界面上的信息，有其他的问题可以继续留言。

第 11 章 规划直播产品

在进行直播卖货时，生意的好坏首先取决于你的产品，选择什么样的产品去卖非常重要。打造爆款的首要条件就是选款定价，只有优质的高性价比产品才能经得起市场和消费者的考验，才能经久不衰地立于市场高地，受到广大买家的喜爱。

11.1 确定商品款式

很多商家都是初入电商行业的新手，产品货源是一大问题，而且不知道从何入手打造店铺。本节主要介绍拼多多的产品定位和选款技巧，帮助大家从精准的产品定位来确定商品款式，从而赢在起跑线上。

11.1.1 货源选择分析

开网店找货源是中小型商家必须经历的过程，如女装店铺的货源主要包括档口货品、授权货品、工厂货品和一件代发等渠道，商家要对比和分析这些渠道的优劣，来选择适合自己的货源渠道。

1. 货源获取方式

通常情况下，拼多多的货源获取方式分为线上货源渠道和线下货源渠道两种，如图 11-1 所示。

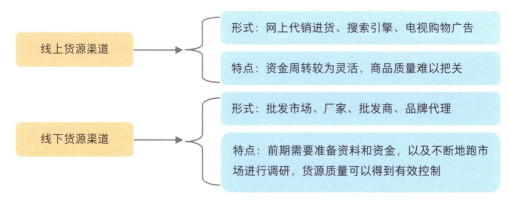

图 11-1 拼多多的货源获取方式

2. 消费人群定位

要选出好的货源，商家需要针对不同的消费人群来进行店铺定位，包括价格定位、人群定位和款式定位3个方面，如图11-2所示。

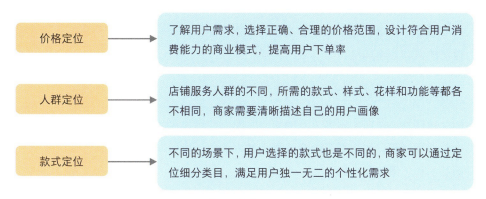

图 11-2 针对不同的消费人群来进行店铺定位

11.1.2 目标市场分析

产品定位的目标市场分析主要是确定产品在目标市场上所处的位置，准确的定位可以有效提高店铺转化率，市场定位的主要工作如图11-3所示。在分析产品定位时，市场定位是不得不提到的一个词，商家必须了解市场定位和产品定位这两个定位方式的区别。

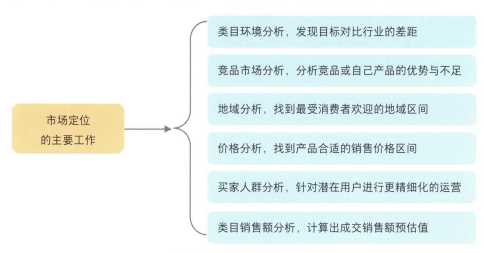

图 11-3 市场定位的主要工作

（1）市场定位：主要目的是确定目标消费者的市场，商家可以通过地域、性别和年龄等标准来综合选择用户群。

（2）产品定位：主要目的是确定选择哪种产品，来满足目标消费市场的需求。

例如，有些商家有自己的工厂货源，同时有一定的产品款式和生产规模，则可以将自己现有款式与市场行情进行对比，即可快速定位出受欢迎的产品款式，具体步骤如下。

- 市场调研。商家根据自己的工厂生产的产品款式进行市场调研,通过市场容量分析,计算出该款式系列在平台的大概销量。
- 销量统计。商家可以在拼多多搜索框中输入产品名称,在搜索结果页根据销量进行排序,统计前20名的总销量和单日市场销量。
- 市场选款。查看自己的预期销量是否与之匹配,并找出单日销量最高的竞品款式,将其作为自己的选款参考风格。

11.1.3 店铺精准定位技巧

精细化运营是目前所有电商平台的发展方向,如拼多多的个性化推荐机制就是精细化运营下的一种典型表现。拼多多平台会通过大数据算法,更加精准地匹配商品和目标人群,从而提升商品的转化率和成交额。

在这种大背景下,商家一定要做好自己的店铺定位,否则如果系统无法识别你的店铺定位,那么也就无法给你推荐精准的流量。这样,看到你的店铺商品的人,可能都是没有需求的人,那么即使你花再多的钱去做推广,也无济于事,只能是白白浪费金钱和流量。

因此,商家需要先做好店铺的精准定位,然后根据这个定位风格来选择商品,让店铺的整体风格更加清晰,这样拼多多平台也可以给你的店铺打上更加明确的标签,同时匹配更精准的用户去展现店铺。

商家可以通过店铺定位快速找到市场的着力点,并开发或选择符合目标市场的商品,避免店铺绕弯路,有更高的提升空间和时间效率,同时可以让商品能够更好地满足用户需求,把商品卖给需要的人。店铺精准定位的方法有3点,具体内容如图11-4所示。

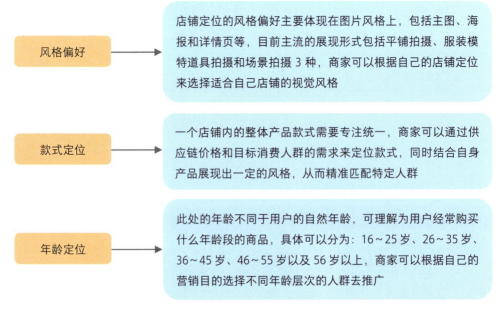

图11-4 店铺精准定位的具体方法

11.1.4 产品选款的5大方案

选款后通常都需要进行测款，这对于中小型卖家来说是一笔很大的开销。如果商家能够在选款时就选出一个优秀的款式，即可有效减少测款的成本。下面介绍拼多多商家选款的5大基本方案，如图11-5所示。

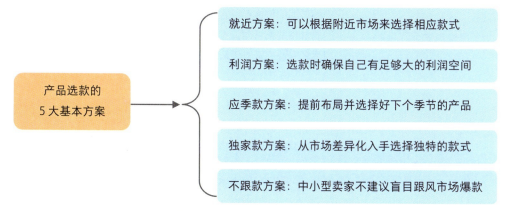

图 11-5 产品选款的5大基本方案

> **温馨提示**
>
> 选款决定生死，决定后面的推广是否有效。就算勉强推广起来，后期维护成本也更大，而且运营更加困难。商家可以通过搜索转化率、收藏加购率、UV（unique visitor，独立访客）价值和点击率这4个维度去综合考量，来选出最为优秀的款式。

11.2 掌握定价规律

每个价格段都有专属的人群，商家进行价格定位，就是要找到最适合自己产品的价格，同时考虑如何做到利润和销量的最大化，仔细研究这两个因素的平衡点。本节以抖音和拼多多为例，向大家介绍产品的定价规律。

11.2.1 定价的基本原则

便宜其实并不是抖音受欢迎的主要原因，大家之所以喜欢抖音主要是因为产品的性价比非常高。俗话说"便宜没好货"，但抖音却打破了这种观念，价格便宜实惠，让用户买得放心。

尽管抖音的产品价格普遍都很低，而且商家还要承担运费，但只要产品销量达到一定的程度，还是会有不错的利润的，而且还能获得极大的流量，带动其他利润款的产品销量。

因此，商家在给产品定价时，需要符合一个基本原则，那就是"满足用户追求经济实惠和高性价比的消费心理"。下面介绍一些抖音产品的基本定价方法，如图11-6所示。

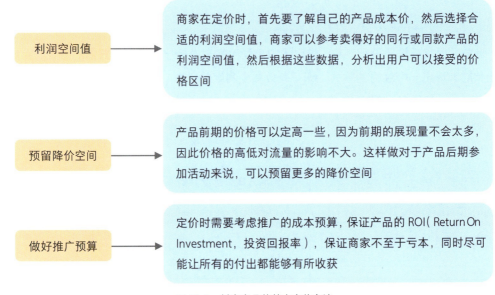

图 11-6 抖音产品的基本定价方法

> **温馨提示**
> 例如，引流款的主要作用是为了给店铺商品引流，给店铺带来更多潜在消费者。引流款产品主要用于走量，因此性价比也非常高，但利润比爆款产品要稍微高一些，在不亏本的基础上上浮一点点，通常利润预期为 0%~1%。
> 引流款要起到为整个店铺引流的作用，件数就不能设置得太少，建议一个店铺可以设置 5 个引流款产品，降低商家的成本投入。同时，引流款产品可以与爆款产品相结合，从而为店铺引流，这样效果会更好。

11.2.2 价格差设计方法

拼多多不仅可以通过微信分享跟好友一起拼团，还可以直接在商品详情页跟其他已经下单的陌生人一起拼团。拼多多的拼单模式，使其在价格方面不同于淘宝和京东等电商平台，而是存在两种不同的价格类型，即单独购买的价格和发起拼单的价格，这是商家需要重点考虑的地方，即这两种价格的价格差如何去设计。

通常情况下，商品的单买价和拼单价一定要产生较大的差距对比，这样才能带给用户一种"拼单有更多优惠"的直观感受。

商家在发布新商品的设置定价环节时，平台会要求商家满足"拼单价＜单买价＜商品市场价"的基本原则，否则商品可能会发布不成功，如图 11-7 所示。

第 11 章 规划直播产品

图 11-7 商品价格的设置

商家在设定这3个价格时，不能随意地盲目设置，这些价格必须符合当下的市场行情，同时拼单价要符合实际情况，不能设置得过低或过高，差距也不能太大。例如，有两款产品都是销量10万+件的爆款产品，一件产品的单买价为6.1元，拼单价为1.76元，差距为4.34元；而另一件产品的单买价为26.95元，拼单价为6.32元，差距为20.63元，而这两者都可以让买家感到拼单价更实惠。

11.2.3　单品组合定价

很多店铺会采用单品组合定价的方式来带动全店的销量。例如，有些店铺主推的是9.9元的产品，但成交更多的是29.9元的套装产品，这是因为大家觉得组合装更加实惠。

店铺常见的组合款式包括"引流款+利润款+形象款"。引流款的目的不是赚钱，而是吸引大量的流量，带动店铺中其他款式的产品销售。店铺的最终运营目标都是盈利，想要盈利就离不开利润款产品。可以说，店铺中除了爆款和引流款，其他产品都要能够产生收益，都可以成为利润款。

利润款产品的重点在于计算出合理的利润率，商家可以根据商品预期利润率的估值来设定。

利润款产品的主要特点就是利润高，但流量比较少。在规划店铺的利润款产品时，可以运用"二八原则"，即20%的产品为商家带来80%甚至更多的利润。利润款产品的运营技巧如图11-8所示。

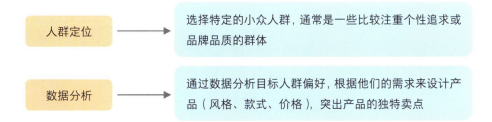

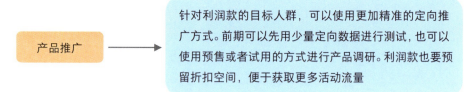

图 11-8 利润款产品的运营技巧

11.2.4 商品定价的小建议

抖音商家在做产品定价时，一定要多参考和分析同行和同款产品，甚至其他平台的同款产品，同时还要考虑店铺评分和信誉等因素来合理定价，让店铺能够快速做大做强。下面针对抖音商家的商品定价，给出了 3 个小建议。

1. 核算成本，掌控利润

如今的电商成本不再是简单的商品进货成本，更多的其实是运营成本，如人工、场地、推广和售后等，人工和场地只是小成本，而获客成本则是大头，并不是每一款商品都有自己独特的优势，抖音上更多的都是普通商品。对于消费者来说，他们更愿意去选择那些已经有成千上万销量的爆款产品，而不会轻易选择零销量的新品。因此，商家要通过获客成本值来制定商品的推广策略。例如，某件产品的售价为 100 元，获客成本值为 40 元，则商家产生 100 单的销量需要付出 4000 元成本。有了基础销量后，商家即可获得更多推广权重。

另外，商家也可以通过主动做一些秒杀或限量抢购等不需要基础销量的活动，如果这些活动的推广成本小于获客成本值，那么商家则可以尝试这个渠道。如果这些活动的推广成本大于获客成本值，则商家可以考虑换一种方法，用更小的成本把商品的基础销量做起来。

2. 不同商品，因地制宜

不同的店铺阶段或商品类型，可以制定不同的定价策略，下面从常规商品和新店商品两方面进行分析，给大家提供一些参考思路，如图 11-9 所示。

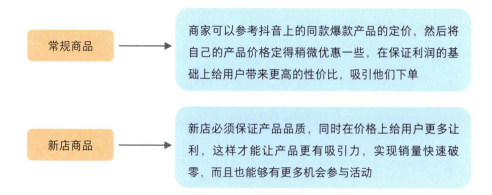

图 11-9 常规商品和新店商品的定价策略

3. 活动商品，合理定价

首先，商家要清楚活动商品的作用，那就是冲销量、抢排名。然后，商家需要选择活动的"主战场"，包括活动位置和频道的选择。

接下来，商家要思考自己对活动效果的期望是什么，要通过活动达到多少单的销量，这些都要在前期做好具体的计划。最后，通过这些数据和条件来确定活动商品的定价区间。

11.2.5 打破同质化价格竞争技巧

如今，抖音平台上可以说已经是各路高手云集了，每个人都有自己拿手的绝活，竞争非常激烈。

对于普通大众商家来说，难免会陷入大量同款的同质化价格竞争。这种情况下，商家该如何在众多同款中脱颖而出呢？首先，商家需要重点分析竞店的产品结构和单品销量，具体指标如下。

1. 分析对象

在相同类目下，分析top1~top30的带货视频和top1~top50的单品，这些都是你的竞争对手。短视频创业者可以通过以下步骤进行数据分析。

步骤 01 进入抖查查平台的"首页"页面，❶单击"商品"按钮，❷选择"带货视频排行榜"选项，如图11-10所示。

步骤 02 执行操作后，便可以看到抖音当日带货视频的排行榜，如图11-11所示。值得注意的是，视频带货榜中还有商品分类，商家可以根据自己带货的商品选择某类商品的视频排行榜。

另外，点击排行榜中的某个带货视频，还可以看到该视频的视频详情、电商分析、电商视频热度分析等信息，如图11-12所示。

图 11-10　选择"带货视频排行榜"选项

图 11-11　带货视频排行榜

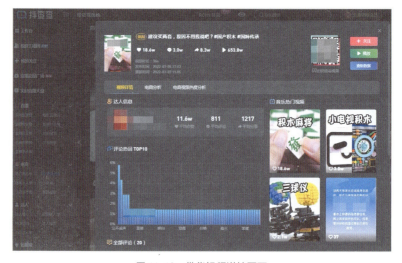

图 11-12　带货视频详情页面

在抖查查的首页还有直播带货榜、热门商品榜、电商小店榜，商家可以点击这些榜单了解热门商品及电商小店，如图 11-13 所示。

图 11-13　抖查查首页

2. 产品结构

分析竞店的产品结构，包括价格和类目的分布情况，以及店铺上新情况和商品总体的销量占比。

3. 单品销量

分析竞店的单品销售情况,可以从产品的卖点、销量、价格、属性和关联销售等方面入手。接下来,商家需要做的就是做好自己店铺的人群定位,并根据这些人群的标签及特点对商品进行优化,打造与同款的差异化属性,避免与强劲的竞争对手正面对抗。

例如,下面这款耳机的销量达到了9.1万件,商品价格为29.9元,定价比较实惠,但是评论里面普遍反映耳机反应慢、音量不合适、待机短等问题,如图11-14所示。那么,商家就可以针对耳机的这些问题去优化,突出自己的产品待机长、没有延迟等的优势,来攻打竞争对手的"软肋"。

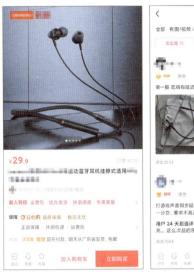

图 11-14　从竞品的评论中找突破口

当然,除了从质量方面入手外,商家也可以通过服务入手来提高差异化的同款竞争优势,如选择更快的快递公司,或者采用更好的商品包装等。通过挖掘差异化的商品特点,能够让商家避免陷入同质化的价格战。

对于抖音商家来说,千万不能单纯依靠价格战来吸引用户,低价确实能吸引用户,但你不可能一直做低价,否则这样店铺很难盈利,店铺也就很难生存下去,其结果往往是"你死我亡"。而一旦你开始调整价格,那么前期积累的用户则会大量流失。

所以,商家一定要善于用特色去吸引和留住用户,而不是靠单纯地打价格战。商家不要总是盯着对手的价格不放,而应该多分析竞品的优势和缺点,来打造自己的商品特色,从而获得更多新客,并提升转化率和客单价。

11.3　产品运营模式

对于运营工作来说,产品运营是带货出单的重中之重,包括选品、定价、上货等多个环节。虽然很多运营者都知道产品运营的重要性,但仍然有很多人在产品运营的环节上遇到各种问题。本节将以抖音为例,向大家介绍产品运营的相关技巧,包括选品渠道、选品技巧、上架商品、上货服务、优化商品、打造卖点等内容。

11.3.1 利用渠道选品

目前,抖音上可用的选品渠道非常丰富,包括抖音选品广场、头部达人直播间、优质同行店铺、蝉妈妈等,运营者可以将所有与产品相关的渠道都尝试一遍,看看哪个渠道的产品质量最优、价格最低、供应链最完善。下面给大家介绍两个渠道。

1. 抖音选品广场

下面以抖音选品广场为例,介绍利用该渠道选品的操作技巧。

步骤 01 在抖音 App 中点击进入 "我" 界面,点击 "商品橱窗" 按钮,如图 11-15 所示。

步骤 02 进入 "商品橱窗" 界面,在 "精选联盟" 选项区中点击 "选品广场" 按钮,如图 11-16 所示。

步骤 03 执行操作后,进入 "抖音电商精选联盟" 界面的 "选品中心" 选项卡,运营者可以根据类目标签、商家榜单、热销榜单、爆款榜单、新品专区、短视频专区、9.9秒杀、团长好货、品牌专区、趋势热卖及精选推荐等功能筛选产品,如图 11-17 所示。

图 11-15　点击 "商品橱窗" 按钮　　　　图 11-16　点击 "选品广场" 按钮

在 "精选推荐" 选项区中,会根据运营者的历史推广记录和粉丝等情况,进行个性化的选品推荐。点击右上角的 "链接" 按钮,可以添加抖店或外部平台的商品链接。另外,在 "合作商品" 选项卡中,会根据合作类型展示内容,如专属推广、定向计划和运营者店铺等板块。

步骤 04 ❶运营者可以在搜索框中输入商品名称(或店铺名称);❷点击 "搜索" 按钮;❸在搜索结果中选择相应商品,如图 11-18 所示。

图 11-17 "选品中心"选项卡

图 11-18 选择相应产品

步骤 05 进入"商品推广信息"界面，在此可以查看该商品的佣金率、售价、预估每单利润、保障服务、近30天的推广数据和评价，确认商品合适后可以点击"加入橱窗"按钮将该商品添加到商品橱窗中，如图11-19所示。

图 11-19 点击"加入橱窗"按钮

步骤 06 如果运营者还想进一步了解该商品，还可以点击"详情"按钮进入商品详情页，查看该商品的详细介绍，并决定是否选择该商品，如图11-20所示。

图 11-20　商品详情页

2. 第三方平台

蝉妈妈是抖音最常用的数据分析平台。商家除了可以在精选联盟选款以外，还可以使用蝉妈妈来进行选款。

进入蝉妈妈首页后，选择"找商品"选项，如图 11-21 所示。

图 11-21　选择"找商品"选项

执行操作后，便可以看到昨日总销量排行榜，如图 11-22 所示。此外，还可以查看到平台今日特推的三件爆品。

图 11-22　昨日总销量排行榜

另外，点击图 11-21 右上角的爆款视频探测即可进入爆品视频探测器页面，如图 11-23 所示。

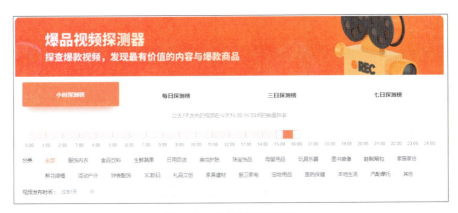

图 11-23　爆品视频探测页面

此外，蝉妈妈平台还有 4 个榜单，分别是抖音销量榜、直播商品榜、抖音热推榜、视频商品榜，如图 11-24 所示。

图 11-24　蝉妈妈商品榜单

11.3.2　选择最优产品

在抖音平台上带货，选择的产品质量好坏会直接影响用户的购买意愿，运营者可以从以下几点来选择带货的产品。

1. 选择高质量的产品

抖店中不能出现"假货""三无产品"等伪劣产品,这属于欺骗消费者的行为,平台会给予严厉惩罚。因此运营者一定要本着对消费者负责的原则进行选品。

用户在运营者的店铺进行下单,必然是信任运营者,运营者选择优质的产品,既能加深用户的信任感,又能提高产品的复购率。因此,运营者在产品的选择上,可以从以下几点出发,如图11-25所示。

图11-25 选择带货产品的出发点

2. 选择与人设定位相匹配的产品

如果是网红或明星进行带货,在产品的选择上,首先可以选择符合自身人设的品牌。例如,作为一个"吃货",那么运营者选择的产品一定是美食;作为一个健身博主,则运营者选择的产品可以是运动服饰、健身器材或代餐产品等;作为一个美妆博主,则运营者选择的产品一定是美妆品牌。

其次,产品要符合运营者的人设性格。例如,某明星要进行直播带货,这个明星的人设是"天真烂漫,活泼可爱",那么她所带货的产品,品牌调性可以是有活力、明快、个性、时尚或新潮等风格的产品;如果运营者是认真且外表严谨的人设,那么他所选择的产品可以是更侧重于高品质,具有优质服务的可靠产品,也可以是具有创新的科技产品。

3. 选择一组可配套使用的产品

运营者可以选择一些能够搭配销售的产品,进行"组合套装"出售,还可以利用"打折""赠品"的方式,吸引用户观看直播并下单。

用户在抖音盒子平台上购买产品的时候,通常会对同类产品进行对比,如果运营者单纯利用降价或低价的方式,可能会让用户对这些低价产品的质量产生疑虑。

但是,如果运营者利用搭配销售产品的优惠方式,或者赠品的方式,既不会让用户对产品品质产生怀疑,也能在同类产品中体现出一定的性价比,从而让用户内心产生"买到就是赚到"的想法。

例如,在服装产品的直播间中,运营者可以选择一组已搭配好的衣服和裤子进行组合销售,既可以让用户在观看直播时,因为觉得搭配好看而下单,还能让用户省去自己搭配服饰的烦恼。因此,这种服装搭配的销售方式,对于不会穿搭的用户来说,既省时又省心,吸引力相对来说会更高。

4. 选择一组产品进行故事创作

运营者在筛选产品的同时,可以利用产品进行创意构思,加上场景化的故事,创作出有趣的带货脚本内容,让用户在观看直播的过程中产生好奇心,并进行购买。

故事的创作可以是某一类产品的巧妙利用,介绍这个产品并非平时所具有的功效,在原有基础功能上进行创新,满足用户痛点(满足刚需)的同时,为用户带来更多痒点(满足欲望)和爽点(即时满足)。另外,内容的创意构思也可以是多个产品之间的妙用,或者是产品与产品之间的主题故事讲解等。

11.3.3 商品上架管理

运营者选到合适的商品后,即可将商品上架到抖店中,这样用户才能在抖音盒子平台上看到并购买你的商品。下面介绍在抖店平台中上架商品的具体操作方法。

步骤 01 进入抖店后台的"首页"页面,在左侧导航栏中选择"商品"|"商品创建"选项,如图11-26所示。

图11-26 选择"商品创建"选项

步骤 02 执行操作后,进入"商品创建"页面,在"选择商品类目"选项区中,❶根据商品类别选择合适的类目;❷单击"下一步"按钮,如图11-27所示。

温馨提示

运营者需要先做好店铺的精准定位,然后根据这个定位风格来选择商品类目,让店铺的整体风格更加清晰,这样抖音盒子平台也可以给你的店铺打上更加明确的标签,同时匹配更精准的用户去展现店铺。运营者可以通过店铺定位快速找到市场的着力点,并开发或选择符合目标市场的商品,避免店铺绕弯路。

步骤 03 执行操作后,进入"商品创建"页面的"基础信息"板块,如图11-28所示。在该板块中填写商品的相关信息,单击"发布商品"按钮,即可提交商品的相关信息。接下来运营者只需根据系统提示设置商品的图文内容、价格库存、服务与履约的相关信息,便可以完成商品的创建。

图 11-27 单击"下一步"按钮

图 11-28 "基础信息"板块

11.3.4 利用上货服务

运营者如果有其他平台的店铺,也可以借助上货服务来批量添加商品,这样效率会更高。运营者可以进入"抖店｜服务市场"后台的"首页"页面,在"管理工具"菜单中单击"一键搬家"或"一键上架"链接,如图11-29所示。

执行操作后,即可搜索到大量的上货服务,如图11-30所示。运营者可以根据销量、评分和发布时间等维度来选择合适的上货服务。

图 11-29　一键搬家（一键上架）

图 11-30　上货服务搜索结果

选择相应的上货服务后进入其详情页面,可以查看该服务的功能介绍、服务详情、使用教程和服务评价等内容,❶选择相应的版本和周期;❷单击"立即订购"按钮即可订购该服务,如图11-31所示。

值得注意的是,上货服务可以抓取天猫、京东、微店、阿里巴巴、拼多多、淘宝等平台的店铺商品,快速将其添加到抖店平台上。

图11-31 单击"立即订购"按钮

11.3.5 优化商品信息

抖店中的商品信息包括主图、标题、详情页,用户在抖音平台上也能看到这些信息。其中,标题和主图是用户对商品的第一印象,运营者一定要反复琢磨如何优化商品信息更能吸引用户点进去看。详情页则保持客观真实即可,尽量与实物描述一致,切勿夸大宣传。

运营者可以在抖店后台进入"商品成长中心"页面,查看系统自动对店铺中所有在售的商品进行问题评估的内容,如图11-32所示。运营者可及时按照优化建议对商品进行优化,有助于规避商品的违规行为、提高商品点击率及转化率等指标,进一步完善店铺的总体经营情况。

第 11 章 规划直播产品

图 11-32 "商品成长中心"页面

在商品列表中，单击相应商品右侧的"详情"按钮，可以查看该商品的全部待优化内容和优化建议，如图 11-33 所示。单击"立即优化"按钮，即跳转至商品信息编辑页面，单击其中的输入框可在屏幕右侧查看修改提示和填写规则，如图 11-34 所示。运营者按照提示对商品进行优化后，单击"发布商品"按钮，审核通过后即可修改商品信息。

图 11-33 查看商品的全部待优化内容和优化建议

图 11-34　商品信息编辑页面

例如，优化商品标题的作用是让用户能搜索到、能点击该标题，最终进入店铺成交。标题优化的目的则是获得更高的搜索排名、更好的用户体验、更多的免费有效点击量。

在商品的标题文字中，要能够体现出商品的品牌、属性、品名和规格等信息。商家在创建商品时，还需要在商品标题下方填写商品的相关属性。好的商品标题可以给商品带来更大的曝光量，能够准确地切中目标用户，所以运营者一定要重视标题。

系统会根据商品标题为商品贴上各种标签，当用户在抖音盒子平台上通过关键词搜索商品时，系统会匹配用户行为标签和商品标签，来优先推荐相关度高的商品。

运营者在做标题优化的时候，首要工作就是"找词"，即找各种热门关键词的数据，包括商品的款式、属性、价格及卖点等，将这些做标题时要用到的关键词都记下来。标题的基本编写公式如下：

标题＝商品价值关键词＋商品商业关键词＋商品属性关键词

另外，商品主图也是吸引用户点击的关键元素，运营者需要将主图中的营销信息有效传达给用户，让用户能够通过主图"秒懂"商品。

如图 11-35 所示，这张商品主图中的信息非常多，对于用户来说，显然是无法在一秒钟之内就看明白的。这样的话，用户很难快速看出该商品与同类型产品有哪些差异化的优势，也无法精准对接用户的真实需求，自然也很难得到用户的点击。

如图 11-36 所示，这个商品主图放的是一个场景应用图，甚至没有任何文案，能够让用户快速了解商品的外观特点和使用场景，如果刚好能够满足他的需求，那么是很容易引起用户点击查看商品详情的。

图 11-35　过于杂乱的图片示例

图 11-36　简单明了的图片示例

大部分用户在逛抖音时，浏览速度都是比较快的，可能短短几秒钟会看几十个同类型产品，通常不会太过注意图片中的内容。因此，运营者一定要在主图上放置能够引起用户购买兴趣的有效信息，而不能让信息成为用户浏览的负担。

主图对于商品销售来说非常重要，那些内容不全面、抓不到重点的主图引流效果可想而知，是很难吸引用户关注的。因此，运营者在设计商品主图内容时，一定要突出重点信息，将产品的核心卖点充分展现出来，并且加以修饰和润色。同时，对于那些无关紧要的内容，一定要及时删除，不要影响商品主图的信息表达。

11.3.6　打造产品卖点

运营者在抖音盒子平台上带货时，需要深入分析产品的功能并提炼相关的卖点，然后亲自去使用和体验产品，并将产品卖点与用户痛点相结合，通过直播或短视频来展现产品的真实应用场景。打造产品卖点的 4 个常用渠道如图 11-37 所示。

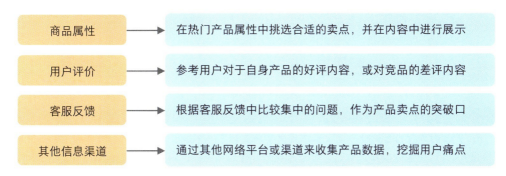

图 11-37　打造产品卖点的 4 个常用渠道

总之，运营者只有深入了解自己所带货的产品，对产品的生产流程、材质类型和功能用途等信息了如指掌，才能提炼出产品的真正卖点。在做抖音盒子的内容时，运营者可以根据用户痛点需求的关注程度，来排列产品卖点的优先级，全方位地介绍产品信息，吸引用户加购或下单。

例如，女装产品的用户痛点包括外观、做工、舒适度、脱线、褪色及搭配等，用户通常更在乎产品的款式和整体搭配效果。因此，运营者可以根据"流行元素+上身效果+材质细节+设计亮点+品质保障+穿搭技巧"等组合来制作带货内容或进行商品详情页装修。

运营者要想让自己的产品吸引用户的目光，就要知道用户想要的是什么，只有抓住用户的消费心理来提炼卖点，才能让产品更吸引用户并促进他们下单。

对于店铺装修来说，并不是非要设计得很美观大气，而是要能够充分体现商品的核心卖点，从而解决用户的痛点，这样用户才有可能为你的商品驻足。例如，运营者卖的产品是收纳箱，收纳箱通常是用来装东西的，此时运营者即可体现出该产品"容量大""节省空间"的特色，如图11-38所示。

运营者一定要记住，用户的痛点才是你的产品卖点。图文、短视频或直播等带货内容中展示的产品信息，如果与用户的实际需求相符合，能够表达出你的商品是他正想寻找的东西，那么点击率自然就会高。

图11-38 收纳箱产品的详情页设计示例

> **温馨提示**
>
> 产品的带货内容设计一定要紧抓用户需求，切忌一味追求"高大上"，并写一些毫无价值的内容，运营者必须知道自己的目标人群想看什么。例如，如果你的目标人群定位是中低端用户，他们要的就是性价比高的商品；如果你的目标人群定位是中高端用户，则他们要的就是品质与消费体验。

第 12 章 直播带货卖货

主播在短视频平台直播间带货时,如何把产品销售出去,是整场直播的核心点。主播不仅需要善于和用户进行互动、交流,同时还要通过活动和利益点来抓住用户的消费心理,从而促使他们完成最后的下单行为。

12.1 提升转化效果

很多商家或主播看到别人的直播间中爆款多、销量好,难免会心生羡慕。其实,只要你用对方法,也可以提升直播间的转化效果,打造出自己的爆款产品。本节主要介绍直播卖货常用的促单技巧,让用户快速下单。

> **温馨提示**
>
> 爆款是所有商家追求的产品,显而易见,其主要特点就是非常火爆,具体表现为流量高、转化率高、销量高。不过,爆款通常并不是店铺的主要利润来源,因为大部分爆款都是性价比比较高的产品,这些产品的价格相对来说比较低,因此利润空间也非常小。

12.1.1 选择合适的带货主播

直播销售主播这个职业,实际就是一个优秀的推销员,而作为一个直播商品推销员,最关键的就是可以获得流量,从而让直播间商品的转化率可以爆发。如果不能提高直播间的转化率,就算主播每天夜以继日地直播,也很难得到满意的结果。

主播需要对自己带货的商品有足够的了解,清楚自己在卖什么,掌握商品的相关信息,这样才能在直播的过程中不会出现没话可说的局面。同时,主播还要记住自己的粉丝,最好可以记住他们的喜好,从而有针对性地向他们推荐产品。

以抖音盒子为例,来看下该平台怎么选择合适的带货主播。在该平台中,很多商家并没有直播经验,因此在直播带货时的效果并不好,这时便可考虑寻找高流量的优质带货主播进行合作,让合适的人做合适的事。寻找主播资源的渠道除了孵化网红主播的机构和各大直播平台的达人主播外,商家还可以通过抖音电商平台的达人广场、达人招商、达人榜单、团长招商、抖Link选品会等渠道与达人合作。

例如，团长招商是一个帮助商家快速找到带货达人的平台，商家可以选择满足条件的商品直接报名，让爆单变得更容易，具体操作方法如下。

步骤 01 进入"抖店｜营销中心"页面，在左侧导航栏中选择"精选联盟"｜"团长招商"选项，如图12-1所示。

步骤 02 执行操作后，进入巨量百应平台的"团长招商"活动页面，❶商家可以通过"招商类目"和"活动类型"等功能筛选出合适的招商团长，并通过查看预估平均成交交易额来评估团长的实力；❷单击"立即报名"按钮，如图12-2所示。

步骤 03 选择相应的商品报名后，弹出"商品报名"窗口，需要设置活动商品的佣金率、服务费率、价格、库存、赠品及联系电话等选项，如图12-3所示。设置完成后，同意服务协议并单击"报名"按钮即可。

图12-1 选择"团长招商"选项

图12-2 单击"立即报名"按钮

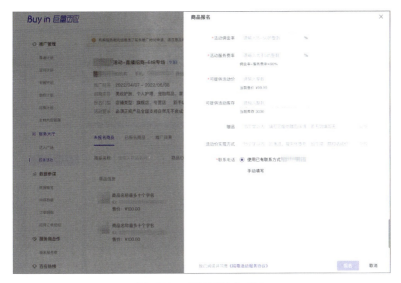

图 12-3 "商品报名"窗口

温馨提示

需要注意的是,没有达到报名门槛的商家无法进行报名,若商家满足报名门槛但是商品非招商类目,则为该商品点击"报名"按钮后,将出现"商品类目不符合条件"的提示。

步骤 04 报名成功后,团长会进行审核,通过后才会生效。此时商家可以进入"团长招商"页面的"推广效果"选项卡中查看推广效果,如图 12-4 所示。

图 12-4 查看推广效果

12.1.2 直击用户痛点的产品

虽然抖音盒子的直播间主要目的是卖货,但这种单一的内容形式难免会让用户觉得无聊。

因此，主播可以根据用户痛点，给用户带来一些有趣、有价值的内容，提升用户的兴趣和黏性。

直播时并不是要一味地强调产品的特色卖点，而是要解决用户的痛点，这样他才有可能在你的直播间驻足。很多时候，并不是主播提炼的卖点不够好，而是因为主播认为的卖点不是用户的痛点所在，并不能解决他的需求，所以对用户来说产品就自然没有吸引力了。当然，前提是主播要做好直播间的用户定位调查，明确用户是追求特价，还是追求品质，或者是追求实用技能，以此来指导优化直播内容。

主播对产品要有亲身体验，并告诉用户自己的使用感受，同时还可以列出真实用户的买家秀图片、评论截图或短视频等内容，这些都可以在直播间展示出来，有助于杜绝虚假宣传的情况。如图12-8所示，在该直播间中，主播通过在肚子上多塞了两件衣服的方式，来向观众直观地展示这条裙子不显肚子的优点。

图 12-8 显瘦裙子的直播间示例

痛点，就是用户急需解决的问题，他如果没有解决这个痛点，就会很痛苦。用户为了解决自己的痛点，一定会主动地去寻求解决办法。相关研究显示，每个人在面对自己的痛点时，是最有行动效率的。

大部分用户进入直播间，就表明他在一定程度上对直播间是有需求的，即使当时的购买欲望不强烈，但是主播完全可以通过抓住用户的痛点，让购买欲望不强烈的用户也采取下单行为。

当主播在提出痛点的时候需要注意，只有与用户的"基础需求"有关的问题，才能算是他们的真正痛点。"基础需求"是一个人最根本和最核心的需求，这个需求没解决的话，人的痛苦会非常明显。

主播在寻找和放大用户痛点，让用户产生解决痛点的想法后，可以慢慢地引入自己想要推销的产品，给用户提供一个解决痛点的方案。在这种情况下，很多人都会被主播所提供的方案给吸引住。毕竟用户痛点被主播提出来后，用户一旦察觉到痛点的存在，第一反应就是消除这个痛点。

主播要先在直播间中营造出用户对产品的需求氛围，然后冉去展示要推销的产品。在这种情况下，用户的注意力会更加强烈、集中，同时他们的心情甚至会有些急切，希望可以快点解决自己的痛点。

通过这种价值的传递，可以让用户对产品产生更大的兴趣。当用户对产品有进一步了解的欲望后，这时主播就需要和他们建立起信任关系。主播可以在直播间与用户聊一些产品的相关知识和技能，或者提供一些专业的使用建议，来增加用户对自己的信任。

总之，痛点就是通过对人性的挖掘，来全面解析产品和市场；痛点就是正中用户的下怀，使他们对产品和服务产生渴望和需求。

痛点就潜藏在用户的身上，需要商家和主播去探索和发现，"击中要害"是把握痛点的关键所在。因此主播要从用户的角度出发来进行直播带货，并多花时间去研究和找准用户痛点。

12.1.3　营造产品的抢购氛围

直播间的互动环节主要目的在于活跃气氛，让直播间变得更有趣，避免产生尬场的状况。主播可以多准备一些与用户进行互动交流的话题，可以从以下两方面找话题，如图12-9所示。

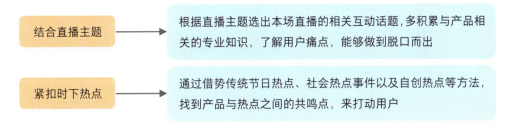

图 12-9　找互动话题的相关技巧

除了互动话题外，主播还可以策划一些互动活动，如红包和免费抽奖等，不仅能够提升用户参与的积极性，而且还可以实现裂变引流。另外，主播还可以在助播和场控的帮助下，营造产品的稀缺抢购氛围，提升用户下单的积极性。

值得注意的是，在直播间中，主播除了需要充分展示产品的卖点外，还需要适当地发挥自己的个人优势，利用一些直播技巧来活跃直播间的氛围，从而提升用户的黏性和转化效果，相关技巧如图12-10所示。

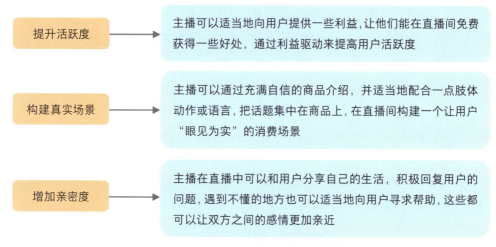

图 12-10　活跃直播间氛围的技巧

直播卖货的关键在于营造一种抢购的氛围，来引导用户下单，相关的促单技巧如图 12-11 所示。

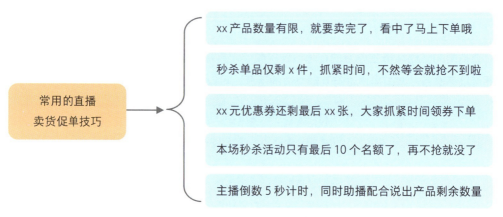

图 12-11　常用的直播卖货促单技巧

其实，直播卖货的思路非常简单，无非就是"重复引导（关注、分享）+ 互动介绍（问答、场景）+ 促销催单（限时、限量与限购）"，主播只要熟练使用这个思路，即可轻松在直播间卖货。

12.1.4　塑造产品的优势价值

决定用户购买产品的因素，除了信任还有产品的价值。产品具有使用价值和属性价值，如图 12-12 所示。

图 12-12 产品的价值体现

产品的价值塑造可分为两个阶段，一为基础价值，即产品的选材、外形、功能、配件、构造和工艺等；二为价值塑造，即展示产品的独特性、稀缺性、优势性和利益性。在直播中主要进行的是产品价值的塑造，具体内容如下。

1. 产品的独特性

产品的独特性可以从产品的设计、造型出发，产品的设计的独特性可以是产品的取材。例如，某化妆品中包含Pitera™（一种半乳糖酵母样菌发酵产物滤液），并且声明这样的透明液体可以明显地改善肌肤表皮层代谢过程，让女性肌肤一直晶莹剔透，这就是产品独特性的塑造。

2. 产品的稀缺性

产品的稀缺性体现在市场上供应量小，或者供不应求。对于这样的产品，运营者和主播可以重点做好数据的收集，让用户明白能买到该产品的机会不多。这样一来，用户为了获得产品，就会更愿意在直播间下单。

3. 产品的优势性

产品的优势性可以是产品的先进技术优势，这主要体现在研发创新的基础上。例如，手机或其他电子产品的直播，可以借助产品的技术创新进行价值塑造，这甚至可以是刷新用户认知的产品特点，给用户制造惊喜，并超出用户的期望值。

4. 产品的利益性

产品的利益性是指产品与用户之间的利益关系，产品的利益价值塑造需站在用户的角度进行分析。除此之外，主播还可以通过赋予产品的额外价值来实现产品价值的塑造，赋予产品额外价值的方法有两个，如图12-13所示。

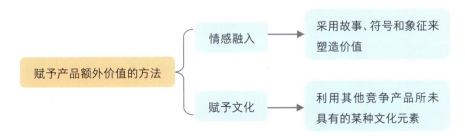

图 12-13 赋予产品额外价值的方法

12.1.5 掌握直播销售的能力

在直播平台上,想要打动直播间用户的心,让他们愿意下单购买,主播需要先锻炼好自己的直播销售技能。下面将分享一些关于直播销售的心得体会,来帮助主播更好地进行直播卖货工作。

1. 转变身份:加快引流速度

直播销售是一种通过屏幕和用户交流、沟通的职业,它必须依托直播方式来让用户产生购买行为,这种买卖关系使得主播会更加注重建立和培养自己与粉丝之间的亲密感。

因此,主播不再是冷冰冰的形象或单纯的推销机器,而渐渐演变成为更加亲切的形象。主播通过和用户实时信息沟通,及时地根据用户的要求来进行产品介绍,或者回答用户提出的有关问题,实时引导用户进行关注、加购和下单等操作。

正是由于主播的身份转变需求,很多主播在直播间的封面上,一般都会展现出邻家小妹或调皮可爱等容易吸引用户好感的画面。

当主播的形象变得更加亲切和平易近人后,用户对于主播的信任和依赖也会逐渐加深,甚至还会开始寻求主播的帮助,借助主播所掌握的产品信息和相关技能,帮助自己买到更加合适的产品。

2. 管好情绪:提高直播权重

主播在直播卖货的过程中,为了提高产品的销量,会采取各种各样的方法来达到自己想要的结果。但是,随着步入直播平台的主播越来越多,每一个人都在争夺流量,想要吸引粉丝、留住粉丝。

毕竟,只有拥有粉丝,才会有购买行为的出现,才可以保证直播间的正常运行。在这种需要获取粉丝流量的环境下,很多个人主播开始延长自己的直播时间,而商家也开始采用多位主播来轮岗直播的方式,以此获取更多的曝光量,被平台上的更多用户看到。

这种长时间的直播,对于主播来说,是一个非常有挑战性的工作。因为主播在直播时,不仅需要不断地讲解产品,还要积极地调动直播间的氛围,同时还需要及时地回复用户所提出的问题,可以说是非常忙碌的,会感到极大的压力。

在这种情况下,主播就需要做好自己的情绪管理,保持良好的直播状态,使得直播间一直保持热烈的氛围,从而在无形中提升直播间的权重,获得系统给予的更多流量推荐。

3. 用好方法:提升直播间销量

直播销售是一种需要用户掏钱购买商品的模式,而主播要想让用户愿意看自己的直播,愿意在自己的直播间花钱购买商品,还愿意一直关注自己成为忠实粉丝等,都不是一件简单的事情。

主播不可能随随便便就让用户愿意留在直播间,也不可能一味地向用户说这个产品有多么好，就可以让用户下单购买。因此，主播需要掌握合理的直播销售方法，这样才能在一定程度上留住用户，提升直播间的销售额。图12-14所示为直播带货的产品介绍流程。

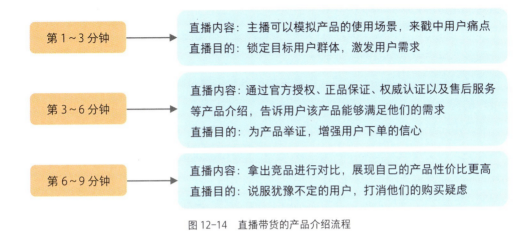

图 12-14　直播带货的产品介绍流程

12.1.6　裂变营销增加下单量

在一些平台上，除了自然流量和广告流量外，平台还推出了一种新的裂变营销工具，即通过直播间互动（优惠券）来刺激用户进行私域分享，快速炒热卖货氛围及人气，给直播间带来流量和提升GMV。

12.2　满足用户需求

主播如果要想激发用户的购买行为，关键前提是主播能让用户察觉到产品带给他的价值。本节将从用户的角度入手，介绍通过抓住用户的痛点、痒点与爽点等方法，来解决直播销售过程中的关键问题——提升转化率。

12.2.1　了解用户的需求

在直播带货中，用户的需求是购买产品的重要因素。需求分为两大类，一类是直接需求，也就是所谓的用户痛点，比如用户在购买时表达的想法，需要什么样的产品类型，这就是直接需求。另一类则是间接需求，这类需求分为两种。一种是潜在需求，主播在带货过程中可以引导用户的潜在需求，激发用户的购买欲望，潜在需求可能是用户没有明确表明的，或者是语言上不能表述清晰的；另一种是外力引起的需求，由于环境等其他外力因素促使用户产生的需求。

在进行带货的过程中，运营者和主播不能只停留于用户的直接需求，而应该挖掘用户的常就是流量不精准造成的。

当然,并不是说这种流量一无是处,有流量自然好过没有流量,但运营者更应该注重流量的精准度。如果一定要拍段子,那么就要注意场景的代入,在段子中突出产品的需求场景及使用场景,这样的内容会更符合抖音的算法机制,从而获得更多的曝光量。

8.3.2 原创内容引流

对于有短视频制作能力的运营者来说,原创内容引流是最好的选择。运营者可以把制作好的原创短视频发布到抖音平台,同时在账号资料部分进行引流,如昵称、个人简介等地方,都可以留下微信等联系方式。

短视频平台上的年轻观众偏爱热门和创意有趣的内容,同时在抖音官方介绍中,抖音鼓励的视频是:场景化、画面清晰,记录自己的日常生活,内容健康向上,多人类、剧情类、才艺类、心得分享、搞笑等多样化内容,不拘于一个风格。运营者在制作原创短视频内容时,可以记住这些原则,让作品获得更多推荐。

8.3.3 种草视频引流

种草是一个网络流行语,表示分享推荐某一商品的优秀品质,从而激发他人购买欲望的行为。如今,随着短视频的火爆,带货能力更好的种草视频也开始在各大新媒体和电商平台中流行起来,能够为产品带来大量的流量。

相对于图文内容来说,短视频可以使产品种草的效率大幅提升。因此,种草视频有着得天独厚的引流和带货优势,可以让消费者的购物欲望变得更加强烈,其主要优势如图8-15所示。

图 8-15 种草视频的主要优势

种草短视频不仅可以告诉潜在消费者你的产品是如何如何好,还可以快速建立信任关系。任何事物的火爆都需要借助外力,而爆品的锻造升级也是如此。在这个产品繁多、信息爆炸的时代,如何引爆产品是每一个运营者都值得去思考的问题。从种草视频的角度来看,打造爆款需要做到以下几点,如图8-16所示。

间接需求。如何了解用户的间接需求呢？可以从以下角度思考。

1. 客观思考分析用户的表达

当用户通过评论在直播间提问时，主播需要客观分析用户的言语，去思考用户真正所需要的产品。可能用户本身也不清楚自己所需要的产品，此时主播就可以通过直播进行引导。

2. 选择与用户相符合的产品

每件产品都有针对的用户群体，如果推荐的产品与用户相匹配，就能引起用户的共鸣，满足用户的需求。

3. 满足用户的基础需求

除了以上两个角度，主播还需要从满足用户的基础需求出发，关注用户的需求到底是什么，并可以在此基础上给出新的产品价值。

例如，在卖保鲜膜产品的拼多多直播间中，主播通过场景展示某产品"适用于各类生鲜蔬菜水果的保鲜及各种容器""密封性好"等的特点，来解决家庭主妇的"基础需求"，帮助她们更好地解决存储食品这个痛点，如图12-15所示。

例如，在卖泡澡桶产品的拼多多直播间中，主播通过演示产品的使用场景和收纳技巧，不仅解决了观众"泡澡"的基本痛点需求，而且还给观众提供了一些享受品味生活的沐浴方案，并且还能折叠收纳，节省空间，为他们带来了更多的价值，如图12-16所示。

图12-15　卖保鲜膜产品的直播间示例　　　　图12-16　卖泡澡桶产品的直播间示例

通过这种价值的传递，可以让观众对产品产生更大的兴趣。当观众对产品有进一步了解的欲望后，这时主播就需要和他们建立起信任关系。主播可以在直播间与观众聊一些产品的相关知识和技能，或者提供一些专业的使用建议，来增加观众对自己的信任。

12.2.2 实现用户的美好梦想

痒点，就是满足虚拟的自我形象。打造痒点，也就是需要主播在推销产品时，帮助观众营造美好的梦想，满足他们内心的渴望，使他们产生实现梦想的欲望和行动力，这种欲望会极大地刺激他们的消费心理。

例如，在图12-17所示这个卖茶壶产品的直播间中，主播通过演示产品能够耐高温和便于携带的特点，来解决观众外出喝水的基本痛点。同时，该产品还具有智能显示温度的功能，这就是一个让观众向往美好生活方式的痒点，让他们的心里变得痒痒的，希望自己也能有一个这样的产品。

图 12-17　卖茶壶产品的直播间示例

12.2.3 满足用户即刻的需求

爽点，就是说用户由于某个即时产生的需求被满足后，就会产生非常爽的感觉。爽点和痛点的区别在于，痛点是硬性的需求，而爽点则是即刻的满足感，能够让用户觉得很痛快。

对于拼多多的主播来说，想要成功把产品销售出去，就需要站在用户角度来思考产品的价值。这是因为在直播间中，观众作为信息的接受者，他自己很难直接发现到产品的价值，此时就需要主播主动去帮助观众发现产品的价值。

而爽点对于直播间的观众来说，就是一个很好的价值点。例如，在图12-18所示这个卷发棒的卖货直播间中，主播展示了多款卷发棒，其中自动卷发棒可以满足卷发的基本需求，而全自动的卷发棒则无须手动卷发，卷发更轻松，卷出来的头发也更有型。这就是通过抓住观众的爽点，即时性地满足了他们的需求。

图 12-18 卖卷发棒的直播间示例

当主播触达更多的用户群体，满足观众和粉丝的不同爽点需求后，自然可以提高直播间商品的转化率，成为直播带货高手。

 温馨提示

> 痒点与爽点都是一种用户欲望的表现，而主播要做的就是，在直播间通过产品的价值点，来满足用户的这些欲望，从而吸引更多的用户关注直播间并购买产品。值得注意的是，满足用户的这种欲望，也是直播带货的破局之道。

12.3 掌握购物路径

抖音盒子 App 可以说是一个重要卖货渠道，不仅完全对接了抖店的电商功能，而且还为抖音平台上的商品带来了更多的曝光机会。

在抖音盒子平台上，想要打动直播间观众的心，让他们愿意下单购买，主播需要先锻炼好自己的直播销售技能，并掌握直播间用户的购物路径。本节将以抖音盒子 App 为例，分享一些关于直播销售的心得体会，来帮助主播更好地进行直播卖货。

12.3.1 优化直播间的点击率

从整个抖音盒子直播间的用户购物路径上进行分析，可以分为引流、主播吸引力和主播销售能力 3 个部分，如图 12-19 所示。

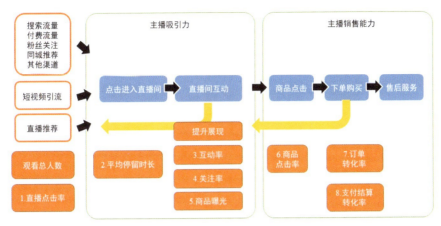

图 12-19 直播间用户的购物路径

首先,主播要从各个渠道去提升直播间的展现(曝光量),当直播间有了引流的通路后,还需要给用户一个让他点击的理由。在抖音盒子平台上,直播的入口随处可见,如"推荐""逛街"和搜索结果页等界面。有了展现和流量后,也就是说用户看到了你的直播间后,如何让他们主动去点击进入直播间呢?

点击率是一个非常重要的指标,没有点击率,就更谈不上用户的互动、关注和下单了。对于直播带货来说,用户最先看到的是直播间的封面和标题,只要这些内容能够让他们产生好的印象,就能够获得好的点击率。

下面介绍一些直播封面的优化技巧。

(1)版式设计。封面图片的整体版面要饱满,一目了然,商品图片的大小和位置要合适,不能有太多的空白。主播可以从多个角度来展示商品,让用户可以更全面地了解商品。

(2)颜色设计。商品的颜色要醒目,要有视觉冲击力,同时和背景的颜色对比要明显,不要在图片中添加太多的颜色,否则会喧宾夺主,影响商品的表达。

(3)符合实际。图片中的商品不能过于设计化,要符合真实情况,同时切忌盗图和照本宣科。

(4)提炼卖点。在设计封面时,可以将产品卖点放进去,这样能够更好地吸引有需求的用户点击和购买。

除了直播封面图外,标题和福利对于点击率的影响也非常大。优质的卖货直播间标题需要明确直播主题,突出内容亮点。下面为卖货类直播标题的一些常用模板。

- 模板1:使用场景/用户痛点+商品名称+功能价值。
- 模板2:情感共鸣型标题,更容易勾起用户的怀旧心理或好奇心。
- 模板3:风格特色+商品名称+使用效果。
- 模板4:突出活动和折扣等优惠信息。

12.3.2 优化用户停留与互动

做直播带货，提升用户停留时长和互动氛围是相当重要的，这些数据不仅可以提升直播间的热度，让平台给直播间导入更多的自然流量，而且用户观看直播的时间越长，就越容易下单购买，同时客单价也会越高。提升直播间用户停留与互动的关键因素包括以下几个方面，如图12-20所示。

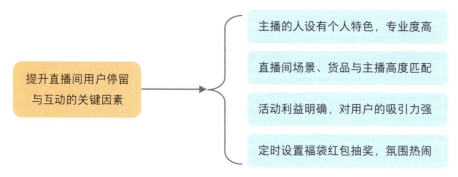

图12-20 提升直播间用户停留与互动的关键因素

主播可以引导用户加入自己的"粉丝团"，用户可以做任务来增加与主播的亲密度并提升"粉丝团"等级，从而获得各种特权奖励。"粉丝团"是一个连接粉丝和主播的重要纽带，是粉丝与主播关系紧密的有力见证，能够有效提升粉丝的停留时长和互动积极性。

主播可以通过直播间提供的一些互动功能，来增加和用户的互动频率，不仅能够增加老粉丝的黏性，而且还可以迅速留住新进来的用户，同时有效引导关注和裂变新粉丝。例如，主播可以举行一些抽奖或秒杀活动，提升直播间的人气，让现存的用户有所期待，愿意停留在直播间，甚至还可以激励用户分享直播间。

另外，主播还可以在直播间设计一些互动小游戏，来增加用户的停留时长，这样才能有更多的互动、点击、加购和转化的可能，同时还能为直播间吸引大量的"铁粉"。互动游戏可以活跃直播间的氛围，让用户产生信任感，从而有效吸粉和提升商品销量。

例如，刷屏抽奖是一种参与门槛非常低的直播间互动玩法，主播可以设计一些刷屏评论内容，如"关注主播抢××"等。当有大量用户开始刷屏评论后，主播即可倒计时截屏，并给用户放大展示手机的截图画面，告诉用户中奖的人是谁。

主播在通过刷屏抽奖活跃直播间的气氛前，要尽可能让更多的用户参与，这个时候可以引导他们评论"扣1"，提醒其他用户注意。同时，主播要不断口播即将抽奖的时间，让更多用户参与到互动游戏中来。

12.3.3 优化带货产品转化率

优化转化率是指当用户进入直播间并长期停留后，如何让他达成更多的成交量。主播需要熟悉直播间规则、直播产品及店铺活动等知识，这样才能更好地将产品的功能、细节和卖点展示出来，以及解答用户提出的各种问题，从而引导用户在直播间下单。图12-21所示为直播间推荐产品的一个基本流程，该流程能够让主播尽量将有效信息传递给用户。

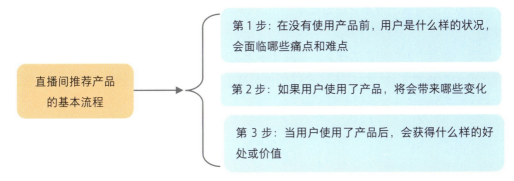

图12-21　直播间推荐产品的基本流程

同时，主播说话要有感染力，要保持充满激情的状态，制造出一种产品热卖的氛围，利用互动和福利引导真实的买家进行下单。

在抖音盒子的直播间中，用户的交易行为很多时候是基于信任主播而产生的，用户信任并认可主播，才有可能去关注和购买产品。因此，主播可以在直播间将产品的工艺、产地及品牌形象等内容展现出来，并展现品牌的正品和保障，为产品带来更好的口碑影响力，赢得广大用户的信任。

另外，主播可以多准备一些用于秒杀环节的直播商品，在直播过程中可以不定时推出秒杀、福袋、满减或优惠券等活动，来刺激用户及时下单，提高转化率。

主播在发布直播间的预告时，可以将大力度的优惠活动作为宣传噱头，吸引用户准时进入直播间。在直播的优惠环节中，主播可以推出一些限时限量的优惠商品，或者直播专属的特价等，吸引用户快速下单。

在优惠环节，主播需要做好以下两件事。

（1）展现价格优势。通过前期一系列的互动和秒杀活动吊足用户的胃口后，此时主播可以宣布直播间的超大力度优惠价格，通过特价、赠品、礼包、折扣及其他增值服务等，让用户产生"有优惠，赶紧买"的消费心理，引导用户下单。

（2）体现促销力度。主播可以在优惠价格的基础上，再次强调直播间的促销力度，如前××名下单粉丝额外赠送××礼品、随机免单及满减折扣等，并不断对比商品的原价与优惠价格，同时反复强调直播活动的期限、倒计时时间和名额有限等字眼，营造出产品十分畅销的紧迫感氛围，让用户产生"机不可失，时不再来"的消费心理，促使犹豫的用户快速下单。

12.3.4 优化直播间的复购率

对于那些带货时间长的主播来说，肯定都知道维护老客户提升复购率的重要性。通常情况下，开发一个新客户需要花费的成本（包括时间成本和金钱成本），等于维护10个老客户的成本。

然而，新客户为你带来的收入，往往比不上老客户。因此，主播需要通过口碑的运营，做好老客户的维护工作，这样不仅可以让他们更信任你，而且还会给你带来更多的效益。图12-22所示为维护老客户的主要作用。

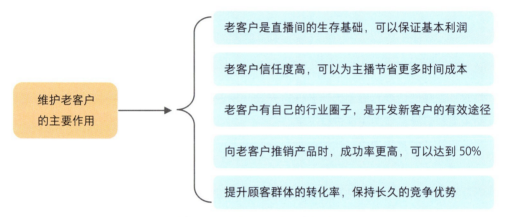

图12-22 维护老客户的主要作用

老客户都是已经在直播间下过单或熟悉主播的人，他们对于主播有一定的了解，主播可以进行定期维护，让老客户知道你一直关心在乎他们，来促进他们的二次消费。不管是哪个行业，主播都可以通过快速吸粉引流来短暂地增加商品销量。但是，如果你想要获得长期稳定的发展，并且形成品牌效应或打造个人IP，那么维护老客户是必不可少的一环。因此，主播需要了解用户的需求和行为，做好老客户的维护，将潜在用户转化成忠实粉丝，相关技巧如图12-23所示。

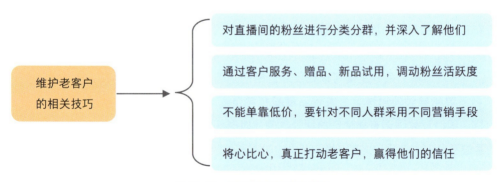

图12-23 维护老客户的相关技巧

抖音盒子的运营重点在于利用各种社交平台，来提高老客户的黏性和复购率，这也是突围流量困境的方式。这是因为在用户的社交圈中，大家都是相互认识的熟人，彼此的互动交流机会更多，信任度也更高，这个特点是站内流量所不具有的。

在用户社群中，用户的活跃度要明显更高一些，而且主播可以创造与用户对话的二次机会。主播可以使用微信公众号、个人号、朋友圈、小程序和社群等渠道，对私域流量池中的老客户进行二次营销，提高用户复购率，实现粉丝变现。同时，基于抖音而衍生出来的抖音盒子，在营销过程中还可以加入更多的社交元素，让产品信息进入用户的社交圈进行扩散，对于降低主播的推广成本有明显的作用。